MANUAL DE SANTERÍA

Colección
Echú Bi

RÓMULO LACHATAÑERÉ CROMBET (1909-1952) nació en Santiago de Cuba, donde cursó toda la enseñanza primaria y media; en 1929 se graduó de Doctor en Farmacia en la Universidad de La Habana. Colaboró en revistas (*Estudios Afrocubanos, Mediodía, Norte, Polémica, Visión*) y periódicos (*Diario de Cuba, Noticias de Hoy*) nacionales y norteamericanos. Cuando pereció en un accidente aéreo en Puerto Rico, era laboratorista del hospital de la Universidad de Columbia y militaba en el Partido Comunista de Estados Unidos. Sólo publicó dos libros: *¡¡Oh, mío Yemayá!!* (1938) y *Manual de santería* (1942).

MANUAL DE SANTERÍA

Rómulo Lachatañeré

EDITORIAL DE CIENCIAS SOCIALES, LA HABANA, 2001

El texto de este libro ha sido tomado de *El Sistema religioso de los afrocubanos*, Editorial de Ciencias Sociales, La Habana, 1992

Edición: Ernesto Chávez Álvarez
　　　　　Gladys Alonso González
Diseño: Francisco Masvidal Gómez
Corrección: Natacha Fajardo Álvarez
　　　　　　Lucía Arenal Linares

Primera edición, 1995
Primera reimpresión, 2001

Todos los derechos reservados
© Sobre la presente edición:
　Editorial de Ciencias Sociales, 2001

ISBN 959-06-0198-7

Estimado lector, le estaremos muy agradecidos si nos hace llegar su opinión, por escrito, acerca de este libro y de nuestras ediciones.

Instituto Cubano del Libro, Editorial de Ciencias Sociales, calle 14 no. 4104, Playa, Ciudad de La Habana, Cuba.

Índice

Prefacio / 1
¿Qué es la santería? / 3
El panteón lucumí / 6
El dueño de los caminos / 9
Los Niños de la Simpatía / 13
Los Ángeles Guardianes / 17
El oráculo del "dí-logún" / 31
Brujería y echar brujería / 38
Apéndice / 44
Notas / 55

> ¡Ka wo, kabiye si ile, Shango!
> ¡Emperador victorioso en
> todos los combates!

PREFACIO

Con el presente trabajo intentamos estudiar las creencias de los afrocubanos desde un nuevo ángulo, opuesto al tratamiento que hasta ahora se le ha dado al sistema de cultos conocido por los afrocubanos con el nombre de la *santería*. Don Fernando Ortiz, en su publicación *Los negros brujos*, aparecida en 1906, planteó por primera vez la discusión del problema, designando tales creencias bajo el calificativo de *brujería*.

Por otro lado, el método aplicado por el iniciador de los estudios afrocubanos, mérito que ha de concederse a Don Fernando Ortiz, en la actualidad es completamente inadecuado para llegar a la solución definitiva de la discusión; y, no obstante que el profesor Ortiz, en posteriores trabajos, ha modificado grandemente su primer criterio, aún no ha aparecido ningún trabajo que responda a la verdadera naturaleza de las creencias afrocubanas. El presente no pretende dar una contestación definitiva, pero sí establecer nuevos criterios que pueden ayudar a aclaraciones en la discusión de la religión de los afrocubanos.

Recientemente no conocemos ninguna publicación que estudie las creencias afrocubanas en concordancia con las propias apreciaciones de los afrocubanos, sus deducciones lógicas y sus especulaciones filosóficas, aplicadas en el manejo de sus cultos. Aún Don Fernando Ortiz, en uno de sus últimos trabajos, "La religión en la poesía mulata", aparecido en 1937, parece aceptar la posición adoptada por Lucien Lévy-Bruhl en su famosa obra *Les fonctions mentales dans les sociétés inférieures*, de donde asume Fernando Ortiz a los negros una "mentalidad paralógica que no analiza las causas de los fenómenos, porque aún ignorándolas, las tienen por bien sabidas".

Este acercamiento al problema, rebatido brillantemente, en lo que respecta a Lévy-Bruhl, por Paul Radin en su libro *Primitive Religion*, jamás puede conducir a una satisfactoria conclusión sobre la religión de los afrocubanos, cuya lógica rebosa en cada aplicación práctica de sus creencias.

Nuestro objeto, entonces, es esforzarnos en mostrar, de acuerdo con las apreciaciones de los afrocubanos y evadiendo todo juicio producto de nuestro intelecto, las creencias que discutimos, respondiendo a las propias reacciones del individuo; poniendo al propio afrocubano en escena y dejándole que él mismo actúe y se haga de una teoría para explicarse lo único que puede ignorar: la violencia en el trato que se le da. Si algún juicio propio se ha escapado, entiéndase como medio de facilitar la interpretación del material a mano.

En lo que respecta a la colección del material, ésta se debe al continuo trato, a veces íntimo, con sacerdotes de distintos cultos en la ciudad de La Habana e informes obtenidos durante nuestra estancia en Santiago de Cuba por espacio de un año.

Más de dos años empleamos en La Habana recogiendo datos, algunos de los cuales publicamos, con cierta irresponsabilidad, en un libro titulado ¡¡*Oh, mío Yemayá*!!, y que, a pesar de todo, Don Fernando Ortiz bondadosamente nos prologó. Los informantes, en su mayoría, fueron jóvenes asequibles a las revelaciones, ya que los ancianos son recelosos y se encierran en un mutismo que explica el carácter esotérico de los cultos afrocubanos. Otras personas cercanas a la *santería*, pero sin tener "representación oficial", nos dieron valiosas informaciones; algunos de los nombres aparecen en el texto.

El autor aprovecha esta oportunidad para expresar su profundo agradecimiento a aquellas personas que desinteresadamente le han brindado ayuda en esta modesta contribución a los estudios afrocubanos. Especialmente el profesor Melville Herskovits y el doctor William Bascon, a juicio del mencionado profesor, el más capacitado estudioso de las culturas yoruba, nos han dado decisivas guías para la interpretación de nuestro trabajo. Don Fernando Ortiz, el gran animador de los estudios afrocubanos, nos ha mostrado también gran condescendencia. La doctora Ruth Benedict, con bondad extrema, atendió nuestras preguntas, ayudándonos grandemente. A todos, expreso mi agradecimiento.

¿QUÉ ES LA SANTERÍA?

La *santería* constituye el sistema religioso de los afrocubanos. A la presencia en Cuba de los esclavos lucumí –designación dada a los negros procedentes de Yoruba– se debe la existencia de tales creencias, agrupadas por los afrocubanos en la *santería*.

Como las formas culturales llamadas afrocubanas, que actualmente se observan, no tienen un rasgo homogéneo, sino que dependen de la amalgama entre las tribus africanas aparecidas a causa de la esclavitud y en contacto con elementos culturales hispánicos, moldeando en tal contacto aun características locales en lo que a las culturas africanas, en sí, se refiere, la distribución de las formas religiosas africanas en sincretismo con la religión católica, reflejan rasgos esenciales de acuerdo con cada cultura, los que son precisos tener en cuenta al examinar la evolución de las hoy llamadas creencias afrocubanas o santería. No obstante, cuando examinamos el sincretismo, aparece un rasgo común que está representado en *el santo*.

Del contacto entre las religiones africanas y el catolicismo, surgió una deidad novísima, consecuencia de las identidades entre las deidades africanas y los santos del panteón católico, a la que se le dio el nombre de *el santo*; así como la nueva forma de adoración nacida en este proceso, se le dio el nombre de *santería*. De suerte que ésta, agrupando las distintas creencias africanas transformadas en el ambiente –tomando conformación afrocubana–, ha de reconocerse como la expresión de *un sistema de cultos con características locales* –en lo que a Cuba se refiere–, y cuyo elemento esencial responde a la adoración de *el santo* o la original deidad nacida en el sincretismo; predominando en los cultos un rasgo determinante que está medido por el grado y carácter específico de la amalgama en las distintas localidades de la Isla donde estas originales creencias se manifiestan.

Así, la *santería* en La Habana y en algunas localidades de la provincia de Matanzas, presenta una tendencia a conservar los rasgos yoruba, mientras que al este de la Isla, en Santiago de Cuba y Guantánamo, por ejemplo, se nota cómo los cultos responden fundamentalmente a la influencia de creencias procedentes del Congo, y la influencia yoruba, siempre manifestada en el tipo de creencia afrocubana, desmaya para cederle preponderancia a los mencionados rasgos procedentes del Congo y otras culturas de África Occidental, siendo posible se encuentren influencias *voduistas* llevadas por esclavos procedentes de Haití.

En La Habana, donde más nos detuvimos en el examen de la *santería*, predomina el rasgo yoruba en la conformación de los cultos; y de éste ha dependido la identificación entre las deidades y santos católicos, la adaptación de los rituales, ceremonias, prácticas mágicas, etc. Los otros rasgos, como las influencias llamadas *mayombe*, *brujería de congo*, *palo*, etc., establecen, precisamente, la diferencia entre la *santería* como un sistema religioso y la *brujería*, la cual expresa las formas de "brujería" y "echar brujería", que se observan en estos cultos; ya que *los santeros*, unos a los otros, se hacen acusaciones de trabajar la magia negra usando de fórmulas *mayombe, el palo* o *la brujería de congo*, cuyos ingredientes responden siempre a *la brujería* como un elemento maléfico.

Aún se habla de *trabajos con muertos*, que aunque denotan una influencia de espiritualismo en *la santería*, su explicación debe buscarse en las borrosas identidades entre santo católico y deidad no yoruba, lo que es carácter en la expresión del contacto entre la religión católica –entiéndase este catolicismo de acuerdo con sus expresiones tomadas en Cuba– y las creencias de otras procedencias, es decir, no yoruba; porque esta última ha tenido la tendencia de tildar los rituales, ceremonias, altares, prácticas, etc., usando primordialmente de influencias católicas y de *acusar* a las otras creencias de *brujas*.

Es en la *santería* con marcada influencia yoruba, es decir, en la *religión lucumí*, donde se puede observar con mayor comprensión la nueva forma de religión surgida de la amalgama.

Los altares constituidos por entarimados de madera donde están montadas "esculturas" en yeso o madera de las vírgenes y santos católicos, las paredes de la habitación rodeadas de litografías de distintos *santos*; en las urnas del altar sacrificios monetarios, juguetes bélicos, el nombre de un enemigo escrito en un papel; a veces platos de comida, tabacos, candiles o pequeñas lumbres encendidas a la deidad afrocubana o *santo*, muchas constituidas por güiras vaciadas conteniendo aceite mezclado con miel de abejas y nadando la pequeña lumbre, sujeta por un disco de hojalata; campanillas para cuando los seguidores de la deidad determinada se acerquen a ella, tintinearlas y mencionar: "Por Olofin, por Olordunmare, salud y suerte."

La misma actitud de *el santo* cuando desciende a la tierra para congratular a sus "hijos", copia las actitudes de la deidad africana y el santo católico disueltas en la conformación de este nuevo tipo de deidad; de suerte que *el santero* con su Ángel Guardián metido en el cuerpo es *orisha* o deidad yoruba a la vez que un santo católico.

San Lázaro, cuya identidad con Baba-lu-Ayé –Sopona en algunas culturas yoruba– se debe a las groseras litografías donde el santo aparece sosteniéndose en muletas, el cuerpo lleno de llagas leprosas y acompañado de un perro, al posesionarse de su "hijo" lo derrumba al suelo, haciendo más tarde que marche como si anduviera realmente con muletas, y el cuerpo se retuerce como si sufriera el dolor de sus llagas leprosas. Pero a veces adopta actitudes cínicas y es agudo en su conversación con las mujeres, enciende un tabaco y pide *orí* (manteca de cacao) para comer y despertar su intelecto.

Changó, equivalente de Santa Bárbara, patrona de las tempestades y santa guerrera, se apodera de sus "hijos" simulando el rodar de los truenos en el espacio. Así, sus seguidores ruedan dando vueltas por el suelo, hasta que se incorporan, corren al altar de *el santo*, y tomando un manto rojo lo tercian a la espalda, montan un caballo de madera y, tomando una espada simulada en la misma forma, adoptan poses militares con garbo y gallardía, aunque a veces hablan en un tono afeminado.

La Virgen de la Caridad del Cobre, que responde a Oshun de las culturas yoruba, llamada Ochún en Cuba y estimada como una mulata de pelo lacio y hermoso como la propia imagen que está en el santuario del poblado de El Cobre, al borde de la sierra del mismo nombre y que es la Patrona de Cuba, de acuerdo con nuestra amiga Juliana, "da un santo muy bonito".

La *santera* en éxtasis tiene su pelo estirado y empapado en aceite, camina con pisadas largas, lleva los dedos a los ojos y, estirando la piel, los abre desmesuradamente mientras murmura: "Ofé, ofé, ofé..." Su conversación es locuaz y llena de eufemismos. Es decir, cada manifestación de la deidad refleja detalles relacionados con la mitología yoruba, mitos católicos e interpretaciones de las litografías que han servido para realizar las identidades, sin olvidar la formidable influencia que los ritos y ceremonial tienen en la manifestación de *el santo*.

EL PANTEÓN LUCUMÍ

El panteón lucumí está constituido por un juego de deidades que en ninguna forma tiene un carácter uniforme en el sistema de cultos, sino que cada culto usa de un número determinado de deidades; es decir, elabora su propio *set*, lo cual significa que los sacerdotes o líderes de los cultos, de acuerdo con su experiencia y maestría, dan preferencia a aquellas deidades que en el transcurso de sus trabajos han mostrado más eficacia. Pero esto no quiere decir que una vez que el sacerdote ha elegido sus deidades, rechace la entrada de cualquier otra, sino que siempre tiene espacio para nuevas deidades, con las cuales ha de amaestrarse y acostumbrarse a su trabajo.

Además de esto, las mismas funciones explícitas de las deidades, sus sacrificios, tabús, magia y aun las identidades, varían en un culto y otro, así también como el lenguaje, en lo que se refiere a la fonética de los vocablos lucumí, en la llamada por Fernando Ortiz *jerga sagrada*. A continuación daremos el *set* de deidades recogido por el autor en varios cultos, el cual, hasta ahora, es el más completo aunque no definitivo.

Olofín –conocido en algunos cultos como Olofi– y Olordumare expresan la idea suprema de Dios, y son el padre y la madre del cielo y la tierra, respectivamente. Es dudoso creer que los afrocubanos hayan identificado estas dos deidades, que viven maritalmente, con el Dios católico, aunque generalmente se dice que Olofín es Dios. Obatalá, de quien cuando viene por *el camino* de Osanquiriyan también se dice que es "el mismo Dios". Otro de sus *caminos* es Odudúa, identificado con el Santísimo Sacramento del Altar, y en ninguno de estos dos casos sus seguidores pueden recibirlos en el éxtasis por motivos fáciles de comprender.

Dios o el Hijo del Hombre, en la religión lucumí, es un ser omnipotente, omnipresente, que no se mezcla en los problemas de la vida cotidiana del individuo. A él se le habla en un tono subjetivo, se le pide paciencia, cordura, filosofía, para luchar contra el medio; nunca algo que pueda solventar una necesidad inmediata, para eso están los *santos*. Por eso, cuando Obatalá se mete en el cuerpo de su "hijo", lo hace por los dos siguientes *caminos*: el de Chalofón (Owa Olofon en yoruba), equivalente a San Manuel de la hagiografía católica y, por consiguiente, es *un santo* varón; o cuando corresponde a Nuestra Señora de las Mercedes, patrona afrocubana de las hiperestésicas y afectadas de locuras melancólicas.

Obatalá posee *las cabezas*. Este "cargo" la coloca unas veces en la categoría de supervisora de las deidades, puesto que *las cabezas* implican el concepto de ángeles guardianes, es decir, de las deidades mismas. Otras veces, se ha de considerar a Obatalá como la dueña de la sabiduría, ya que la mencionada expresión, cuyo equivalente en la lengua lucumí es *orí*,[1*] significa el control que tienen las deidades del intelecto humano, de la sabiduría. Uno y otro concepto completan esta excelsa cualidad de Obatalá.

Baba-lu-Ayé, correspondiente a San Lázaro, es especialista en dermatología y amante de todas las mujeres. Su prestigio se debe, en parte, a la presencia del sanatorio de leprosos en las cercanías de la ciudad de La Habana bajo la advocación de este *santo*.

Orúmbila, identificado con San Francisco de Asís, es médico de todas las enfermedades y poseedor del oráculo del ekuelé. Esta última designación es uno de sus equivalentes. Olokún, el "dueño del mar", es uno de los *caminos* masculinos de Yemayá. Suponemos que haya sido identificado con la Virgen de Regla, patrona de la bahía de La Habana.

Ogún, "cuando viene por el camino de Aguanilli", es el dueño del monte, y cuando se le llama Ogún de Arere se entiende que es el dueño de los metales. En algunos cultos se le llama O-r-gún.

Agayú, llamado también Sola o Sholá, corresponde al patrón de la ciudad de La Habana, o sea, San Cristóbal, y tiene la posesión del río. San Isidro el Labrador, del santoral católico, corresponde a Oricha-Oko, llamado en algunos cultos Ichaoko, y que simboliza la labranza.

Oyá, esposa legítima de Changó y quien tiene bajo su albedrío a la Ikú (la Muerte), es la "dueña del cementerio". En algunos cultos se dice que reside en el mencionado lugar, en otros le dan como residencia una ceiba. La Ikú ya mencionada reside en los sitios donde hay basura acumulada y en las botellas destapadas.

---

* Las notas del autor aparecen al final de cada parte del libro.

Inlé, mencionado por Fernando Ortiz bajo la designación de Ilé y como "el dios de la economía agraria", reside en los agujeros y en las zanjas, y corresponde a San Rafael.

Los Obeyes, en algunos cultos conocidos como los O-r-beyes, corresponden a los mártires católicos San Cosme y San Damián. En las culturas yoruba corresponden a Ibeji, la deidad de los gemelos. Los afrocubanos han pluralizado el vocablo y también le llaman *los Jimaguas*. Son los hijos clandestinos de los amores de Ochún con Changó, y se estiman por sus excepcionales poderes mágicos.

Ochosi, cuya residencia es la cárcel, ha sido identificado con San Norberto, y gozaba de poca importancia en los cultos examinados por el autor, a pesar de que cuenta con interesante leyenda.

Osain, llamado también Osaii, corresponde a San José, tiene la llave del Cielo y la Tierra, reside en un *güiro*[2] y es la deidad de la farmacopea. Osun corresponde al bastón de San Francisco, y su imagen está representada por un gallo de metal descansando en un cono invertido. Por esta razón debe estimársele como un fetiche.

Yeguá corresponde a Nuestra Señora de los Desamparados, y goza de gran prestigio por sus oráculos. Maferefun, sin haber logrado su identidad, es una de las deidades maléficas del oráculo del *di-logún*. Otra deidad es Mama Lola, mencionada por Fernando Ortiz, y de la cual no tenemos referencia.

En la lista dada, hemos dejado de apuntar las deidades Eleguá, Changó, Ochún y Yemayá por el estupendo papel que desempeñan en los cultos; siendo así que tienen un carácter universal; y, de acuerdo con la gran importancia que gozan, en ningún culto se les discrimina a causa de diferencias locales, sino que éstas, observadas en formas de interpretación, en su aplicación a *los trabajos* y rituales, en ninguna forma disminuyen el magnífico papel que tienen. Por esta razón queremos darle capítulo aparte.

EL DUEÑO DE LOS CAMINOS

Eleguá es el dueño de los "caminos". Para el afrocubano, cosmológicamente *los caminos* expresan las cuatro esquinas del universo; y, desde el punto de vista de sus especulaciones filosóficas, representan el Destino, el azar del individuo, su inseguridad en la lucha contra el medio.

De este modo, en el oráculo del ekuelé, consistente en un tablero redondo donde se hacen los augurios, cubriendo dicho tablero de madera con una fina capa de harina de trigo, luego se divide la superficie en cuatro partes cruzando una línea vertical y otra horizontal. Esta división, que ha de tener un papel fundamental en la aparición de las deidades que descifran el destino de la persona, constituyen *los caminos* o entradas de las deidades en el oráculo. De modo que si Eleguá cierra los caminos, impedirá que las deidades se manifiesten en el instrumento adivinatorio, lo que puede ser interpretado como el cierre de todas las posibilidades del individuo para debatirse en el azar de la vida, la muerte de sus esperanzas.

Por otro lado, Eleguá puede dar preferencia a deidades encolerizadas o de natural malo, y en ese caso los oráculos serán fatales, y aun puede dar paso a la Ikú o la Muerte, lo que obligará al adivino a augurar la exterminación por enfermedad, o por derramamiento de sangre, de su cliente. Además, Eleguá, nunca por impulsos generosos o por magnanimidad, sino mediante el pago de sacrificios, podrá mantener *los caminos* abiertos, es decir, brindar toda posibilidad al individuo para que balancee su vida con el azar, para que se haga de su destino, en tanto que este término abstracto implica la incertidumbre de la vida del afrocubano.

Aplicado el concepto de *los caminos* a las deidades, éstos significan las distintas situaciones de las deidades en su paso por la tierra, lo que puede estimarse como distintos estadios de sus vidas.

Yemayá, cuando recibió en su saya a Changó que descendía del cielo en la forma de una bola de candela, estaba en *su camino* de lavandera. Ochún, cuando vivía legítimamente con Orúmbila, estaba en *su camino* de prostituta y se vendía a Ogún de Arere. La misma Yemayá, cuando aparece cojeando en los festivales, viene por *el camino* de Zacuta; y así, según la opinión de nuestra amiga Dulce María, los *santos* tienen infinidad de *caminos*, y es muy difícil que ningún santero los conserve en su memoria.

Esta nueva concepción de los caminos del afrocubano, a nuestro entender, señala la falla de los lucumí para explicarse el carácter localista de las creencias religiosas en las culturas yoruba.

Si se recuerda que el auge numérico de los lucumí en Cuba coincide con el desmembramiento de los yoruba, y que procedentes de todo sitio en el territorio yoruba fueron empaquetados en los barcos negreros, se supone que estos esclavos llegaron al suelo cubano procedentes de distintas culturas, donde, en unas, las deidades gozaban del privilegio de ser patrones locales, y en otras, las mismas deidades gozaban de una importancia secundaria.

Se puede arriesgar el criterio que los lucumí procedentes de culturas, en el propio territorio Yoruba, muy distantes las unas de las otras, pero que en lo religioso presentaban cierto carácter en común, interpretaron estas diferencias en las expresiones religiosas como *caminos*. Aparte de toda especulación, esta concepción de *los caminos* tiene su aplicación práctica en los festivales, cuando ha de pagársele sacrificios a Eleguá y dedicarle los himnos de apertura y clausura para que cierre y abra *los caminos*, respectivamente.

Eleguá, llamado también Echo o Echú, de acuerdo con diferencias de carácter local, ha sido identificado unas veces como San Antonio, posiblemente por su frigidez sexual, ya que su característica es la de un personaje indiferente a la pasión sexual, convertido en interruptor de las relaciones entre los amantes, y así el oráculo advierte y recomienda: "Su marido está enamorado de usted, pero no se lo comunique a nadie, cosa de que Eleguá no lo haga cambiar." Y téngase en cuenta que San Antonio, el católico, abogado de los enamorados, no desempeña ningún papel en esta identidad.

La otra amalgama corresponde al Ánima Sola del Purgatorio. La única relación posible entre Eleguá y las Ánimas es que estas últimas son las almas de pecadores sufriendo en el Infierno, y cuya redención se espera de los sacrificios y *prayers* que más bien suenan como *spells*, de los fieles, lo cual es interpretado por el afrocubano evadiendo el concepto de la redención del pecado, y dándole un carácter realista a los sacrificios; aun el "católico" cubano cuando enciende un cirio a las Ánimas del Purgatorio, ha de esperar una retribución inmediata.

El concepto del pecado aún podía ponerse en correlación estimando a las Ánimas como *tricksters*, es decir, *pecadoras* que hay que mantener contentas para evitar que con sus trampas perjudiquen al individuo. De esta forma, Eleguá en la religión afrocubana es el *trickster*. No obstante, si se pregunta a un *santero* a qué deidad de su panteón corresponde el Diablo, éste dirá que a *Eleguá en su camino de Echú*. Pero si se insiste en la pregunta y se trata de indagar qué significa el Diablo para él, responderá que éste ni más ni menos es un humorista, un personaje inofensivo sin ninguna importancia para él, pero que se dice es un agente del mal.

Así, la identidad de Eleguá, en este caso, parte del hecho que esta deidad, *a veces*, se comporta como el mismo Diablo, lo que equivale a la expresión popular "Fulano es más malo que el Diablo", cuando a Fulano le gusta la mujer ajena, o bien tiene suficiente frialdad para "botarle los intestinos afuera" a un enemigo.

En los mitos de Eleguá es donde se observa este concepto del *trisckster* en su mayor claridad. De acuerdo con versiones mitológicas colectadas por el autor, Eleguá se complace en interrumpir las relaciones amorosas entre Changó y Ochún. Como los festivales tienen cierta clandestinidad en virtud de las persecuciones policiacas de que muchas veces son objeto, Eleguá lleva la *achelú* (la policía) por pura complacencia.

Changó, una deidad jactanciosa y amiga de deslumbrar, cuando organiza sus esplendorosos festines ha de tener cuidado de que Eleguá no "le estropee la fiesta", y así en otros casos. Ahora bien, la fórmula para evitar estas actitudes de Eleguá es haciéndole constantes sacrificios y aun aplicándole castigos, porque siendo su característica excelsa la de abrir *los caminos*, cuando Eleguá se refugia en su actitud de trampista o *trickster*, es necesario castigarlo para que vuelva a su complaciente actitud.

Dulce María me decía que "cuando Eleguá se ponía majadero lo mejor era encerrarlo por tres días privado de sus comidas". Eleguá, salido del encierro, "es capaz de volver el mundo al revés".

Es curioso notar que Eleguá adquirió *los caminos* luchando contra los poderes maléficos de Agayú. De suerte que en un mito, Agayú aparece enfrentado en una tremenda lucha con Obatalá, que aparenta no tener ningún poder; y, luchando por ir adelante, se ve obstaculizada por este enemigo.

Obatalá es hacendosa en hacer "trabajos" para crecer en mérito ante Olofín. Una vez sabe de unas palomas que están en una casa y va por ellas para "trabajarlas". Agayú se opone y aquí comienza el disturbio. Agayú, encaramado en un árbol cercano a la casa, custodia las palomas y hace más. Obatalá, llana y sufrida, va por las palomas, pero desanda. El camino estaba lleno de culebras. Por tesonera Obatalá no se desanima y va donde Ochún, por ayuda. "Ve donde Changó", dice Ochún. Changó emprende la jornada y desanda como Obatalá. Se amedrenta con las culebras. "Entrevístate con Orúmbila", dice a Obatalá. Obatalá va. "Entrevístate con Eleguá", dice Orúmbila. Eleguá toma sus precauciones. Por el camino va depositando tres ingredientes: pescado ahumado, jutía y maíz. Y llega donde Agayú. Envuelve a Agayú en una trampa y da paso a Changó, que encuentra todos los caminos abiertos. Obatalá toma las palomas de la mano de Changó, las "trabaja" y Olofín le entrega *las cabezas*. A Eleguá regaló *los caminos*.

Los sacrificios a Eleguá se depositan en el cruce de dos caminos o "las cuatro esquinas", en *la sabana* (lugares despoblados de La Habana) y *detrás de la puerta*.

LOS NIÑOS DE LA SIMPATÍA

Durante la esclavitud, los esclavos, en señal de respeto, nombraban a sus amos con los términos *mi amo* y *mi niño*. Si se entiende el gran papel individual que la personalidad del amo tenía en la vida del siervo y los abismos que la esclavitud creaba en el trato entre ambos, respetándose el tenedor no sólo por dueño, sino porque su piel lo suponía con poderes incalculables para anchar perspectivas, fácilmente se comprenderá por qué las deidades más populares de la *santería* se conocen con el nombre de *los Niños de la Simpatía*; y en este caso el término *niño* no sólo significa respeto, sino que envuelve lo sobrenatural, y ha de estimarse en la *santería* como un grado jerárquico elevado.

Este honor se concede a Changó, Ochún y Yemayá, las tres deidades son equivalentes de santos católicos que desempeñan un estupendo papel en el maltrecho catolicismo cubano.

Changó corresponde a Santa Bárbara, mártir del catolicismo medieval, y que aparece en Cuba como abogada de los guerreros y patrona de las tempestades. En sus litografías se le observa portando espada a la cintura y sosteniendo una copa en alto, y los creyentes católicos le encienden cirios para obtener retribuciones económicas y solución a otros problemas de la vida cotidiana. Todas estas circunstancias han servido para realizar su identidad con Changó, el cual se estima como el dueño del rayo y el relámpago; dueño de los plátanos y los tambores de los festivales y un guerrero de envergadura, "emperador vencedor en todos los combates". Además, es el dueño de la lumbre y el adivino por excelencia, puesto que se entiende que fue el original poseedor del oráculo que más tarde entregó a Orúmbila, pero que se quedó con sus misterios indescifrables.

Ningún *santo* copia la actitud de sus "hijos" frente a la vida como Changó. Por ser el dueño del fuego, al aparecer en el oráculo como *speaker*, el *santero* ha de enfriar las dieciséis conchas que constituyen el oráculo del *di-logún*, echándolas en agua fresca, y la deidad se ha de dirigir a un cliente "que tiene la candela metida en el cuerpo" (que es susceptible a montar en cólera), y por tanto debe alejarse de la lumbre para evitar que las explosiones de su carácter lo conduzcan al crimen.

Tan pronto el cliente deje al adivino, debe "refrescarse la cabeza" para calmar sus ímpetus. Verdaderamente, Changó es el Ángel Guardián de las personas impulsivas, y él mismo tiene raptos de cólera que le obligan a refugiarse en una palma hasta que, suavizado su carácter por la presencia de los Obeyes, sus hijos ilegítimos, desciende y puede atender los asuntos de sus "hijos".

Changó también es el patrón de los amantes impulsivos. Casado legalmente con O-l-ba (Santa Rita), la abandonó cuando la mujer perdió su hermosura en sacrificio a los deberes conyugales, y se casó con Oyá, porque lo había favorecido en una de sus guerras con Ogún.

Ochún, una mujer que vivía maritalmente con el *babalawo* Orúmbila, se prostituyó con Changó, y desde entonces llevaron una vida de amantes perfectos. Arrojado del firmamento por su madre Obatalá, quien lo concibió en amores ilícitos con Agayú, fue recogido por Yemayá, quien le dio una esmerada educación. Más tarde, la madre de crianza se prendó del joven vistoso y fácil para el amor. Trata de seducirlo. Changó muestra su repugnancia a la madre y escala una palma. Yemayá se mantiene y le ofrece placeres contra natura. El joven enfría su repugnancia, accede y posee a Yemayá en la más extravagante de las posturas.

En uno de sus *caminos*, Changó abofetea a su madre Yemayá; arrojado del hogar roba la casa y derrocha el dinero con la magnanimidad de un tahúr. Arruinado, busca de nuevo el asilo de Yemayá, pero es rechazado. Changó no pierde el tino, sino que valiéndose de los *Jimaguas* u Obeyes, sus hijos, usa una treta, y Yemayá le abre las puertas de su casa.

Lo cierto es que estas situaciones de Changó en el folklore de la religión lucumí, constituyen las mismas actitudes de sus "hijos"; y el mismo *santero*, cuando una persona maneja la vida con estas intermitencias o la mira como un juego riesgoso, se dice: "Éste debe ser 'hijo' de Changó."

El Cabo (Ka wo) y Emí son también nombres con que Changó es aclamado. Sus sacerdotes tienen fama de clarividentes y gozan de alto prestigio.

Ochún, la segunda "niña de la simpatía", corresponde a la patrona de la Isla de Cuba: Nuestra Señora de la Caridad del Cobre. Procedente de Illescas, un pueblo situado entre Madrid y Toledo, en España, se supone que esta Virgen apareció a tres pescadores en desgracia en las cercanías de la bahía de Nipe, en la costa norte de Cuba. Trasladada la imagen al pueblo de El Cobre, allí se le hizo una ermita y pronto se convirtió en la Virgen más milagrosa de la Isla. Más tarde fue reconocida como su patrona.*

El color oscuro de la imagen ha hecho que se considere a la Virgen como una mulata. Así, al hacerse la identificación entre la Virgen y Ochún, se dice que esta última era "una mulata de pasa", pero que su hermana Yemayá, una negra de pelo lacio, le regaló su pelo, los corales y el dinero. Ochún además posee el oráculo del *di-logún*, y es consejera de los enamorados. Bajo el mote de la mulata, como popularmente se le conoce, Ochún tiene un decisivo papel en todos los cultos.

En la ciudad de La Habana es muy común ver mujeres andar por las calles vestidas de una vulgar tela amarilla rayada de blanco y un cordón blanco también, atado a la cintura, para rendirle pleitesía a la deidad. Este humilde vestido amarillo simboliza su amor con Changó; porque cuando este *santo* se arruinó, Ochún le brindó socorro con tal espíritu de sacrificio que se quedó con un solo vestido blanco que lavaba todos los días en el río hasta convertirlo, de viejo, en un color amarillento. A Ochún también la mencionan con el nombre de Iyalorde, y en los festivales la aclaman diciéndole: "¡Yeye!" u "¡Ori yeye!"

Yemayá, la tercera "niña de la simpatía", es la hermana menor de Ochún, a quien le debe su matrimonio con Ogún. Yemayá siendo una moza se enamoró de Ogún; éste la sedujo pero no selló ningún compromiso. Remordida y ardiendo en pasión, Yemayá requirió la ayuda de su hermana mayor Ochún; la cual, con un plato de *oñí* (miel de abejas) y sus danzas de amor, a su vez, sedujo a Ogún y lo puso en el lecho de su hermana. No obstante, Ochún y Yemayá aparecen disgustadas "por la diferencia entre el chivo y el carnero", de cuya diferencia, expresada en un mito colectado por el autor borrosamente, resulta que el carnero es tabú para Ochún y el chivo lo es para Yemayá.

Yemayá es la dueña del mar y ha sido identificada con Nuestra Señora de Regla, patrona de la bahía de La Habana, y con un santuario en el pueblo del mismo nombre. Este pueblo, en la actualidad con una población blanca preponderante sobre la llamada de color, conserva una fuerte tradición de la *santería*. Allí están los cultos de Panchita Cárdenas –muerta recientemente– y Pepa la de la Loma, dos de las

---

* Ver José Juan Arrom: "La Virgen del Cobre: historia, leyenda y símbolo sincrético", en *Certidumbre de América*, Editorial Letras Cubanas, La Habana, 1980. (*N. del E.*)

más prestigiosas sacerdotisas de La Habana. Panchita Cárdenas era "camarera" de la Virgen en el santuario, y todos los años, en el aniversario de la Virgen de Regla, sacaba la procesión donde la imagen de la Virgen era llevada en andas, seguida de la multitud de creyentes *santeros* o católicos, no se sabe, y la seguían los tambores del *cabildo*, nombre también dado a los festivales.

En las antiguas casas donde en la época colonial vivieron sacerdotes o sacerdotisas del sistema lucumí, los tambores se detenían, y los vecinos, saliendo a la puerta, arrojaban un vaso de agua en el pavimento, mientras se cumplía un pequeño ritual, para rendir pleitesía a los antiguos líderes del *cabildo*. Suponemos que con la muerte de Panchita Cárdenas, esta ceremonia no habrá dejado de llevarse a cabo.

A Yemayá la llaman "la negra", y esto se debe a que, se dice, esta deidad, en un viaje, tuvo que atravesar el Mar Negro, y, en consecuencia, su piel de blanca se transformó en negra, pero conservó sus facciones caucásicas y su abundante cabellera, la cual, como vimos, regaló a su hermana Ochún.

LOS ÁNGELES GUARDIANES

El primer paso que una persona da al acercarse a la *santería* es inquirir por su deidad protectora o Ángel Guardián. El sacerdote líder de un culto, por intermedio de las deidades en trance, o por predicciones del oráculo, dice a la persona quién es su Ángel Guardián. Otras personas reciben la noticia bajo crisis religiosas, cayendo en trance bajo la posesión de su Ángel Guardián, cuya protección hasta entonces ignoraban. Este Ángel Guardián establece su paternidad sobre el acólito y lo protegerá en todas las situaciones de su vida, y será su *cabeza* o guía intelectual para abrirle el entendimiento y encaminarlo hacia una vida sin trabas.

De esta suerte, el concepto de los Ángeles Guardianes, en la *santería*, abarca todas las proyecciones del individuo en su contacto con el medio; y este concepto no se estrecha en los límites de la *santería* en atención a los beneficios que las deidades protectoras puedan ocasionarle a los seguidores de los cultos, sino que ensancha su radio y refiere el éxito de cualquier persona por muy encumbrada que sea su posición, por muy distante que esté de la *santería*, como debido a la influencia de su Ángel Guardián.

En el espiritualismo cubano también se observa este caso con los *espíritus protectores*. Es decir, una persona llega al éxito porque tiene, o ha de tener, un *espíritu de mucha luz* en su compaña, el cual puede ser averiguado por el médium o no. Llegada a esta fórmula, el espiritualismo no hace más inquisiciones en lo que se refiere a personalidades que no están bajo el control de los cultos espiritualistas.

Pero en el caso de la *santería*, la personalidad no *ha de tener*, sino tiene un Ángel Guardián. Se menciona el nombre de éste entre las deidades del panteón afrocubano y refieren ocurrencias en la vida de la persona, como debidas a la guía de su Ángel Guardián. La *santería* examina los hechos que mantienen al individuo en una posición elevada, desprecia el esfuerzo personal puesto por el individuo para ascender, y hace depender su triunfo de las agencias del Ángel Guardián.

Después de todo, *el santero* está acostumbrado a ver políticos de posición, industriales, damas de la llamada aristocracia de Cuba, etc., acercarse al oráculo del *di-logún* para inquirir por augurios, pagar festivales para asegurar una elección –lo cual se hace, muchas veces, como medio de propaganda política–, o una dama encopetada hacerse *una rogación* para lograr un fin amoroso.

Viendo gente de toda la gama social cubana llegar a los cultos para obtener dádivas de los *santos*, la *santería* tiene que hacerse de una teoría para explicarse el desenvolvimiento de esta sociedad, y verdaderamente los Ángeles Guardianes satisfacen esta explicación con bastante lógica.

De cómo *el santero* explica que el Ángel Guardián ejerza una influencia decisiva en la actitud del individuo frente al medio, el caso de un médico amigo nuestro nos puede dar una clara idea de esta concepción.

Este joven, negro, durante el curso de sus estudios de Medicina, acumuló gran práctica en el campo de la urología, su vocación. Terminados sus estudios montó un modesto consultorio en una de las calles del barrio de Cayo Hueso, barrio con fama, porque allí radica una *potencia ñáñiga* (sociedad secreta de los afrocubanos), y la policía ha hecho repetidos *raids* en los *cabildos* o festivales santeros; y con una población negra bastante notable.

Nuestro amigo –quien sabíamos no tenía nada que ver con la *santería*–, honrado, y con un elevado concepto de la ética médica, practicaba su profesión desde un ángulo estrictamente científico. No obstante, sus aciertos en una clientela pobre y olorosa a los *cabildos* y sesiones espiritualistas, nunca fueron atribuidos a su capacidad profesional, sino a que sus diagnósticos y pronósticos dependían de la influencia que el Ángel Guardián ejercía sobre él.

Él mismo nos comunicó, un día, lo que sus clientes opinaban de los aciertos. Él no curaba aplicando su experiencia, sino que *detrás de él* estaba San Francisco de Asís u Orúmbila, quien con su poder divino lo influía en el tratamiento de sus pacientes. Así, sus clientes corrían la fama de su Ángel Guardián y le proporcionaban una clientela que lo complicaba más y más, bajo la influencia de San Francisco de Asís.

En casos de mayor trascendencia, *el santero* reacciona del mismo modo. Tomemos el caso del actual presidente de Cuba,

Batista.* Inteligente y de ágil pensamiento político, este gobernante, entiende *el santero*, es "hijo" de Orúmbila, pero no como un curandero, sino como el dueño del oráculo de Ifá. Batista, antes del año 1933, era un simple sargento; posterior a esa fecha, con la caída violenta del presidente Machado, en la llamada revolución del 4 de septiembre, escaló la posición de coronel, y posteriormente, tratando de subordinar el poder civil al militar, en busca de un símbolo para asegurar la confianza de la tropa, instauró la bandera del 4 de septiembre, constituida por los colores representativos de las distintas insignias de los regimientos del Ejército.

La coincidencia de que estos colores correspondían a los de las deidades más sonadas del panteón lucumí (el verde a Orúmbila, el amarillo a Ochún, etc.), hizo que los *santeros*, ante la rápida y exitosa carrera política de Batista y aún más la coincidencia de la bandera del 4 de septiembre, reconocieron a Batista como "hijo" de Orúmbila, el dueño del Azar, y la cuestión de la bandera se estimó como que su Ángel Guardián recomendó al gobernante este *trabajo* para garantizar su poder. La bandera se convirtió en un fetiche.

Explicación más decisiva fue la dada al gobierno del derrocado presidente Machado. Este presidente, en el año 1926, inauguró una época de violencia y disenciones políticas, que alcanzaron su fin en 1937 aproximadamente. Machado era impulsivo y de temperamento aguerrido. Los *santeros*, desde luego, lo bautizaron como "hijo" de Changó. Durante su gobierno, en ocasión de la celebración de la Sexta Conferencia Panamericana en la ciudad de La Habana, se quiso celebrar el acontecimiento con la inauguración de un parque a la sazón reconstruido, que en honor de la Conferencia tomó el nombre de Parque de la Fraternidad Panamericana.

El día de la inauguración, en su centro se sembró la postura de una ceiba en un redondel lleno con tierras procedentes de las veintiuna repúblicas representadas en la Conferencia. En la misma ornamentación del parque se habían utilizado palmeras, que si bien tienen un sentido simbólico para el cubano, más lo tiene para *los santeros*: allí es donde Changó refugia su cólera. La ceiba constituye uno de los domicilios de la mencionada deidad. La tierra para el afrocubano envuelto en la *santería*, aún conserva su valor místico.

¿Qué podía deducir *el santero* de esta ceremonia donde *con tantas clases* de tierras se sembraba una ceiba, símbolo de Changó, y precisa-

---

* El autor hace referencia al período de mandato militar de 1933-1939 de Fulgencio Batista y Zaldívar. (*N. del E.*)

mente durante el gobierno de uno de sus "hijos"? La deducción fue lógica otra vez. Changó había ordenado al presidente que hiciera esa ceremonia mágica para prevenirse de sus enemigos, que ya por aquel tiempo (1928) comenzaban a incrementarse. La verdad es que cinco años después Machado fue derrocado; pero en la época de la colección de nuestro material, cualquier caminante que en los albores de la mañana pasara por el Parque de la Fraternidad, podía encontrar sacrificios a Changó depositados al pie de las palmeras y de la hoy robusta ceiba.

El *santero* siempre da a entender, nunca afirma, que personas de posición respetable se inician en los cultos, que con las precauciones que su posición requiere, cumplen con los *santos* y con el Ángel Guardián, lo mismo que el acólito más humilde, ya que la forma esencial para recibir los favores de una deidad es iniciándose en su culto y recibir su plena gracia, *su cabeza*, lo que es lo mismo decir que la deidad le trasmite sus facultades intelectuales, su sabiduría. Y como la iniciación no responde siempre a la necesidad obligatoria de ejercer el sacerdocio, sino que ésta es una cualidad vocacional del individuo –los cultos se nutren con "hijos" de *santo* que se inician simplemente *por su salud*, para evadir la muerte y poder luchar contra los agentes materiales que obstaculizan sus esfuerzos en la lucha contra el medio.

El tránsito de una persona hacia su iniciación va acompañado de las más variadas actitudes personales. Todas las actitudes frente a la vida entran en juego en esta comunidad con la deidad. La más mínima ocurrencia en la vida cotidiana, las intrigas, las adversidades, los triunfos, todo, es atribuido al trato eficaz o a las fallas en complacer a la deidad protectora. El aspirante vive en continuo sobresalto; se esfuerza en no exasperar a la deidad, hace sacrificios económicos para regalarle presentes.

Un día, la deidad, por conducto del oráculo, le exige ponerse los collares –el primer paso que ha de dar para llegar a la iniciación–; otro, el aspirante mismo, por iniciativa personal, y porque tiene un asunto enredado, va ante su madrina o sacerdotisa del culto donde ha de iniciarse, y le pide lo presente a los tambores –segundo paso en la iniciación–. La madrina, en un festival ocasional, acompañada de otra sacerdotisa o sacerdote, la presenta ante los tambores llamados *iyá*, *itotele*, y *koso*, o tambores sagrados del festival que han sido previamente bautizados en una ceremonia llamada *aña*.

El acólito danza acercado a los tambores en el momento en que éstos son percutidos en homenaje a su Ángel Guardián, y puede o no puede caer en el éxtasis. Si es uno predispuesto a caer en trance, sólo sus madrinas podrán impedirlo de recibir su deidad alejándolo de los tambores. Más tarde, por puros contratiempos en la vida, por llevar una vida mísera, por desmayos de su voluntad, adopta posturas incrédulas; maldice a la deidad, la insulta cuando aparece en el trance; se olvida momentáneamente de la *santería*. La madrina lo requiere violentamente, le pega si es preciso. La deidad fríamente, a su vez, le está pidiendo que cumpla su compromiso. El aspirante, bajo tal presión, comienza a reunir, poco a poco, el costo de la ceremonia final –entre 250 y 300 pesos–, y, repentinamente, ha de usar de estos ahorros para solventar necesidades perentorias, o bien lo pone en el azar del juego de los números: "la bolita" o en la lotería.

La deidad implacable continúa exigiendo. Un día va el acólito a un festival en busca de un buen oráculo o a excusarse con las deidades. Llega el momento en que los tambores suenan en honor de su Ángel Guardián, se dirige a la sala ancha donde en una esquina están los tres tamboreros oficiales del *batá*, *güemilere*, *bembé* o festival.

Comienza a danzar y repentinamente cae apoderado por la Ikú o la Muerte, porque la deidad protectora, exasperada por su incumplimiento, ha pactado con la Ikú para que aniquile al moroso aspirante. El cuerpo desmadejado y preso de leves convulsiones, es llevado a una habitación donde el líder del culto, acompañado de las deidades que han descendido para congratularse con sus "hijos", trata denodadamente de sacarle la Muerte del cuerpo. Ya con una gallina negra pretende alojar la Ikú en el ave; escobillea por el cuerpo repetidas veces la gallina, después, formando dos filas de acólitos, va por entre el medio caminando con temblorosos pasos, da la gallina a alguien para que la arroje a la calle "sin mirar", y continúa su andar tembloroso, mientras murmura: "Ikú... Ikú ilé... (la Ikú está alojada en la casa)".

Ochún con palomas blancas hace la misma operación. Los seguidores del culto pintan su frente con yeso blanco, en la forma de una cruz, y al fin se logra salvar al aspirante. Después de esta experiencia, no queda otro camino que cumplir con el Ángel Guardián, pasar por la ceremonia final. Ésta se lleva a cabo en un festival celebrado específicamente para esta finalidad. La noche anterior al suceso se celebra una ceremonia estrictamente secreta de la que no tenemos noticia, y que consiste en la iniciación propiamente dicha.

Posteriormente, en el festival conocido con el hombre de *asiento*, el yawó, o iniciado, aparece tendido en una estera, la cabeza severamente rasurada y marcada con líneas amarillas, rojas y verdes en los casos que hemos observado, y bajo la posesión del *santo* permanece en este sitio rodeado de los sacrificios que los visitantes le llevan a su Ángel Guardián. Terminado el festival, que generalmente dura unas seis horas, el aspirante es vuelto a su estado normal, y a la mañana llevado *a la plaza*.

Acompañado de sus dos ayibonas o *madrinas* se conduce al mercado donde compra algunas misceláneas –lo que también es parte de la iniciación–, y es retornado a su casa donde ha de observar tabú sexual por espacio de treinta días, permanecer en casa en la noche en ese período y vestir el hábito de gala del *santo*, confeccionado con tela blanca, además de las medias y zapatos que han de ser del mismo color. Si es mujer cubrirá la cabeza con un pañuelo blanco y llevará los collares y manilla correspondientes a la deidad protectora. A los treinta días, el iniciado adquiere los plenos poderes de *el santo*.

La adquisición de estos poderes es arma formidable para luchar contra las adversidades de la vida. Se tendrá robusta contextura para vencer las enfermedades, ímpetus para aplastar al enemigo. Se abrirán todos *los caminos* al individuo; pero esto no significa que éste ha de adoptar una actitud pasiva; por el contrario, un "hijo" de *santo* debe desarrollar continua actividad religiosa para alcanzar los beneficios del Ángel Guardián. Montará un altar con la imagen del *santo* predilecto en el sitio más encumbrado, la rodeará con las litografías de *los santos* de su devoción, no con los que se acostumbra a trabajar en el culto de iniciación, puesto que el nuevo "hijo" de *santo* no tiene la obligación de estacionarse en éste, sino que irá a otros, en busca de recetas, a husmear, a tomar un poco de aquí y de allá, para "acumular" a *el santo* en el cuerpo como una carga eléctrica.

Si es mujer *amarra* a su marido para asegurar sus intercambios sexuales y su economía. Se harán continuos *trabajos* para abrir, banda a banda, el mundo de las posibilidades, para tener la cabeza limpia y ojos alertas.

El nuevo "hijo" de *santo* desarrollará su personalidad, adquirirá agresividad, crecerá en desconfianza, estará en continua vigilancia para cazar a un enemigo y acribillarlo con golpes certeros, usándose la brujería como arma. O bien será más amplio de espíritu, complaciente con los suyos y muchas veces abierto y hermoso de corazón; sereno ante las desventajas, evadirá las bajas pasiones, evitando lanzar los poderes de la brujería contra el más tenaz enemigo.

Dios en su más llana concepción se encargará de estas desavenencias; porque *el santero* jamás divorcia sus experiencias lucumí de sus concepciones católicas, lo cual actúa suponiendo que dos poderes pueden destruir a un enemigo: Dios altísimo y lento, atado a "la paciencia que hay que tener para arrastrar esta vida", y la brujería trabajada con *los santos*, implacable, rápida, explosiva, eminentemente realista.

El santo es un agente tan realista que se aleja y acerca de sus hijos, de acuerdo con un precio estipulado, el de los sacrificios. El autor, en una de sus consultas con Changó –su Ángel Guardián–, recibió el más grande chasco que se pueda imaginar. Fuimos a pedirle grandes cosas a *el santo*. A un lado estaba *la yibona* o *madrina*, que servía de intérprete. Changó, que cuando está dando oráculos continuamente mueve la cabeza, hacia arriba, hacia abajo, levantó la vista y con su tono meloso, un poco afeminado, dijo: "Tú eres *m'ijo*, a ti te gusta corretear por el mundo... Tú vas a tener líos con la policía... Yo te puedo dar lo que tú quieres... ¿Pero, que tú me has dado?... ¿Qué me vas a dar?... Si tú quieres que te ayude tienes que darme que comer, porque yo tengo que vivir... yo soy igual que tú." Y cerró su discurso.

Se suponía que el autor, en su ocasión, fuera al culto y preguntara al sacerdote qué sacrificios pedía la deidad, y abriendo una serie de trámites con cierto desembolso de dinero, y que Changó, en esa sola instancia, concedería lo pedido.

Aun cuando una persona comienza a intercambiar sacrificios en un culto, para obtener ciertas ventajas, se debe mostrar muy cautelosa en no excederse cuando los golpes de fortuna justifican el trabajo eficaz del Ángel Guardián. La deidad no es un saco sin fondo en eso de recibir dádivas; sino que es meticulosa en hacer que su "hijo" cumpla estrictamente con el valor cuantitativo del sacrificio exigido. Si se pide un carnero ha de ser éste y no se debe obrar a capricho, ni en exceso ni en defecto.

La propiciación desmesurada de sacrificios costó la vida a nuestra amiga *X*. Ésta era una de las mulatas llamadas "de abolengo" en la ciudad de La Habana. La piel amarillenta de las llamadas *blanconazas*, el pelo negro, estirado y abundante, una ligera lipodistrofia céfalo-toráxica que abombaba anchamente las caderas, en contraste con unos senos mezquinos disueltos en el busto estrecho, el rostro bonito, eran sus armas para afrontar la vida. De esta buena disposición de su cuerpo pendió su destino y usó de él como una jugadora de bolsa. Changó era su Ángel Guardián y la protegía con una solicitud extremosa. Dadivosa y jactanciosa a cada golpe feliz en su juego, colmaba a su deidad y demás *santos* de excesivos regalos. Abría festivales a todo lujo, con exceso de todo. La gente murmuraba: "Un día la van a castigar por fanfarrona; a *los santos* no les gusta tanto plante."

Se murmuraba mucho, quizá por envidia, quizá por ética *santera*. Lo cierto es que Changó estalló en ira, perdió la paciencia y castigó su inmodestia. *X* abrió un festival con tanto esplendor como los anteriores. Activa y con solicitud se movía de un lugar a otro en el *bembé* (festival): recibía a amigos, extraños, y a las deidades en el trance. En la sala, los atabales llamaban a las deidades, y *X* bajo crisis religiosa se dejó llevar por las tumultuosas repercusiones de los tambores a Changó. Sus caderas se movían con pesadez y vino lo imprevisto. *X* se derrumbó en el suelo agarrada por un violento *shock* que no pudo rebasar. La Ikú se le metió en el cuerpo. Changó fue implacable con esta maniabierta que, ausente del mal efecto que su "sobrealimentación" causaba en el Ángel Gurdián, ese día "ahogó en sangre a Changó" regalándole cinco carneros.

Hay otras actitudes del creyente ante la deidad que merecen mención, y ya éstas caen dentro del realismo que abunda en los intercambios entre deidad y creyente. Tales actitudes podrían estimarse como el rebajamiento del rango encumbrado de la deidad, para nivelarla en el ambiente, someterla al trato cotidiano de la vida en la comunidad. La deidad tiene que convertirse en la amiga íntima que uno trata con desfachatez y sin sonrojos. Pero, de primera intención, a partir de la presentación, uno debe actuar con respeto y darle la preferencia de un personaje que, después de todo, es poderoso, divino.

Más tarde, con el continuo trato, viene lo que el cubano llama *propasarse* o ser *confianzudo*. Se pierde el temor y la timidez del primer acercamiento. Cuando la deidad concede dádivas viene *el mimo*, el uso de diminutivos y cierta correspondencia filial, hasta que el acólito –esto depende de su propia educación– desnaturaliza la franqueza en su trato con la deidad, pierde el sentido del límite y usa su arrogancia para tratar al Ángel Guardián. Pero la deidad parece que espera estas actitudes, estas alternativas en el trato, puesto que en tales situaciones cruza insultos con el acólito, y nadie es más cínico que *el santo* para recibir y responder, con certeza y agudez, las frases en tono subido de sus seguidores.

Pongamos el ejemplo de María la Gallega. Esta joven española aplatanada en Cuba, sin haber perdido sus atractivos manejaba burdeles y pagaba sus respetos a Yemayá, su Ángel Guardián. Siempre envuelta en contratiempos con la vida, los tenía que tener con las deidades. Recorría los cultos con la misma variabilidad que un católico *recorre las estaciones* en los días de Semana Santa, y sabía dirigirse a *los santos*. Cuando éstos no respondían a sus deseos, los llenaba de improperios con el más soez de los vocabularios. Le decía a su Ángel Guardián, negra de m..., ladrona, explotadora, tú te figuras que yo tengo negros..., y perdía el dominio de su persona. Yemayá nunca se ruborizó, ni pidió respeto, sino con su carcajada intermitente, *encendía la candela* y la ponía fuera de juicio. Claro que la deidad, más serena que su "hija", se divertía a su costa y la obligaba a hacerle cumplidos económicos. La actitud no podía ser más realista y ésta se cumple con una frecuencia que es regla.

Circunstancias como la mencionada –en lo que se refiere a la "posesión" del santo– ocurren con alguna frecuencia, y dependen del estado de ánimo, la actitud del creyente frente a la deidad. Una persona puede ampararse en la *santería* en virtud de crisis, conmociones producto de su contacto con el medio. Bajo crisis desesperadas requiere oráculos, hace sus ofrecimientos a las deidades, paga trabajos contra el enemigo virtual o real que la acecha constantemente, y vive en continua obcecación manteniendo la llama de *el santo* viva en su cuerpo. Recibe a la deidad, "sin técnica", abandonada a sus impulsos, desprovista de todo control, y *el santo* la revuelca por el suelo, la hace sufrir hasta crearle temores para recibirlo de nuevo. Mas, con un indudable misticismo acepta la deidad en todo caso, no importa que éste la maltrate, haga que golpeen la cabeza contra la pared, le produzca dolor físico.

Este tipo de *santero*, diríamos, es el neurótico-epileptoide, quien es muy raro que llegue al sacerdocio. Otro tipo es el de la persona que balancea sus creencias católicas con la *santería*. En la iglesia trata al santo como un católico, lo cual se manifiesta aun en los gestos. En el altar que tiene en la casa, en ninguna forma católico pero sí afrocubano, y al mismo santo o virgen que adoró en la iglesia con amagos europeizados, lo trata a la manera afrocubana, *santera*. Le suena campanillas, lo saluda postrándose en el suelo, y antes de hacerle alguna petición murmura: "Por Olofi, por Olordunmare, salud y suerte." Puede ser que bajo incertidumbre económica vaya en busca de oráculos y se haga *trabajos*, etc., o bien por pleno convencimiento de que *el santo* ha de ayudarla siempre que se le hagan ciertas ofrendas y brinden específicas formas de adoración, use de estos procedimientos como parte de sus deberes en la vida cotidiana y mantenga relaciones completamente normales con la *santería*.

De esta calidad de tipo religioso se forjan los sacerdotes del sistema religioso afrocubano. De suerte que el sacerdote, por sus actitudes personales, se nos aparece como un tipo completamente normal que por experiencia aprende a someter a la deidad, a trabajarla con *tricks* y a obtenerle el mayor beneficio posible. Del modo de manejar las deidades depende la magnitud numérica de su culto y su prestigio entre los acólitos.

Verdaderamente un sacerdote es una persona que desde su infancia ha vivido captando y observando las prácticas de la *santería*. Muchas veces son iniciados a la edad de diez o doce años, no con la idea de convertirlos en sacerdotes posteriormente, sino porque la deidad protectora del infante así lo ha deseado. Pero estos niños que crecen en los cultos, en su adultez con buenas facultades para recibir a la deidad protectora y otras cualidades en lo tocante a la personalidad, se convierten en sacerdotes líderes de cultos, con la ventaja de que su largo aprendizaje les facilita *tricks* y otras mañas para evitar las sacudidas de *el santo*.

Es claro que a veces el *santero*, que puede ser, en este caso, un tipo neurótico-epileptoide, es incapaz de evitar las crisis epilépticas cuando su Ángel Guardián, uno de los llamados *santos fuertes*, como Obatalá en su *camino* masculino, se le mete dentro del cuerpo. Pero si es hábil, sabe los *tricks* para evitar que la deidad *lo monte* –nombre dado al éxtasis–. No quitarse los zapatos y marcar la suela con una cruz usando un yeso blanco, basta para que la deidad no se presente.

Pero, a nuestro entender, los sacerdotes de la *santería* en su generalidad, frente a tales situaciones, son tipos normales. Nuestra primera visita a Reinerio en Santiago de Cuba, puede ilustrar este criterio. Éste es uno de los *santeros* de más prestigio en esa ciudad, y tiene fama porque procede de la ciudad de La Habana.

Procedentes de esta ciudad fuimos llevados a su culto un día en que se celebraba un festival. Reinerio estaba posesionado de su Ángel Guardián, lo que lo suponía bajo control de su conciencia dormida o actuando en el modo peculiar que actúan los *santos*, incapaces de reaccionar normalmente ante el hecho inmediato. Nuestro amigo habló al secretario de Reinerio, un estudiante de bachillerato entregado a la *santería*; éste le murmuró algo en el oído a Reinerio; inmediatamente, *el santo* nos tomó por el brazo y nos introdujo en una pequeña habitación, donde, tendido en una estera, comenzó a dar augurios. Le mencionamos los nombres de varios santeros conocidos en La Habana, e inmediatamente Reinerio reaccionó y varió la forma de los augurios, quizá porque pensó estaba frente a una persona entendida. De todos modos, nos dio la impresión de un simulador, pero realmente no lo era, sino simplemente un sacerdote de gran experiencia, y no dejaba que *el santo* actuara a su capricho, sino que sabía hacerlo reaccionar ante cada situación.

Dulce María, nuestra mejor amiga en la *santería*, por el contrario, "le daba *un santo* muy fuerte"; entraba en éxtasis bajo violentas crisis que le producían dolor físico, y, por tanto, era incapaz de controlar a Obatalá *macho*, su Ángel Guardián. Pero, como a pesar de sus veintiocho años, era una sacerdotisa de experiencia, se controlaba a sí misma y evitaba la presencia de la deidad, simplemente porque no quería que *el santo* "la estropeara". En sus pequeños festivales, porque tenía un culto mezquino que empezaba a edificar, animaba a otras personas para que recibieran a las deidades, mientras ella, haciendo trabajos, desarrollaba todas sus actividades como *santera*; y en circunstancias excepcionales, requerida por su *padrino*, aguantaba las violentas sacudidas de Obatalá *macho*.

Por otra parte, Reinerio, de acuerdo con la opinión de sus clientes, era un "explotador" que cobraba altos precios por sus trabajos, y a cada situación trataba de sacar partido. Pero, no obstante su inmodestia, había que acudir a él por la soltura y destreza con que manejaba sus *santos*. Era bueno, y no sólo había que pagarle sus excepcionales servicios, sino también aceptar su desconsideración.

Esta actitud en Reinerio nos brinda una oportunidad para examinar el papel económico del sacerdote. En este caso, el sacerdote es un individuo que trabaja con sus deidades, lo mismo que el artesano con sus herramientas. Si es diestro, ha de exigir un buen pago al demostrar sus habilidades. Y entiéndase que *el santero* clasifica los casos que se le presentan, y de ahí deduce sus honorarios. Por ejemplo, las demencias, psicosis o estados histéricos, son siempre casos en que el sacerdote afila sus uñas y se prepara para exprimir al cliente hasta dejarlo exhausto. Cualquier anomalía mental en un miembro de una familia provoca una conmoción, un desajuste en la cadena de incidentes que proyectan a esta familia hacia la vida normal de la comunidad.

Hay un loco en la familia, y todo el mundo crece en impaciencia, viven con premura y paradójicamente alargan las horas, los minutos, infinitamente. Van al psiquiatra y le confían el paciente, pero por un corto espacio de tiempo, porque un demente es un agente sobrenatural, maléfico, que contagia a los que están a su alrededor, les roba el juicio sereno que hay que tener para afrontar la vida, nadie en la casa puede tener *la cabeza clara, fría*; así que si el especialista no puede desterrar *la locura*, no ya del cuerpo del paciente pero sí de la casa, si no es despedido, se recurre al sacerdote que ha de actuar, ni más ni menos, como un "caza-brujos"; porque una demencia, en el concepto *santero*, implica la acción de la brujería controlada.

El sacerdote, que no es un agente místico ni cosa por el estilo, sino que es un personaje realista con participación activa en la vida de la comunidad, que especula con ésta, y siempre está vigilante, cuando se le entrega el caso, antes de echar a andar sus agencias sobrenaturales, pone en juego el propio desequilibrio mental que el demente causa en sus parientes, y se aprovecha de la situación con la frialdad de un comerciante, y con todas las ventajas de su lado, para asegurar el pago de su salario, puesto que la locura es brujería que va a sacar del cuerpo del paciente, lo que ya significa un trabajo delicado.

Pero lo más importante es que si no cobra el precio estipulado, esa misma brujería la lanza contra toda la familia. Si ésta, con ese *fenómeno* (el demente) alojado en la casa, está llena de pánico e incertidumbre, ¿cómo no ha de hacer todo sacrificio posible por recobrar la tranquilidad del hogar? Lo que significa casa liviana y limpia de brujería. Por todo esto, el sacerdote no es un explotador de la ignorancia de sus seguidores, sino un individuo que actúa de acuerdo con la incertidumbre económica en que vive la comunidad.

Esto es bastante para que el lector comprenda. Pero, aún más. Supóngase un industrial poderoso y civilizado –y esto para combatir el criterio de que la *santería* es atributo del hampa– con tres entretenidas, tres pobres muchachas que han de luchar denodadamente por mantener a su potentado. Cada una, por su lado, irremisiblemente, trabaja con encantamientos amorosos para sostener al hombre, y con brujería controlada para destruirse una a las otras.

Llega así el momento en que nuestro industrial, cercado por los tres fuegos, va ante *el santero* a *amarrarse*, por precaución, porque esta gente que por ignorancia desprecia el concepto científico, realmente no sabe si la brujería trabaja o no. E imagínese como funciona la imaginación del sacerdote frente a un tipo de éstos, más cuando él, empíricamente, puede darle fórmulas que lo satisfagan. ¿Puede el sacerdote ser mezquino en el cobro de su salario?

Por regla general, un sacerdote que mantiene un culto tiene un número determinado de *ahijados* o "hijos" de *santo*, a la vez que clientes que lo solicitan en busca de *trabajos*, oráculos, etc., y lleva una vida laboriosa, de agitación incansable. Las actividades que desarrolla son múltiples. Tiene que mantener su altar atildado y limpio de influencias maléficas que interrumpan el buen funcionamiento de *el santo*. Ocuparse en darle *comida* a Eleguá escondido en un pequeño armario debajo de la imagen de su Ángel Guardián. *Limpiarse* o hacerse *trabajos* él mismo para estar inmune a cualquier inesperado ataque de un enemigo. Lavar sus collares bajo ceremonia, refrescarlos cuando estén *muy calientes*. En la mañana, ir *al monte* o sitios despoblados de la ciudad de La Habana llamados placeres y donde crece una vegetación silvestre, allí recoger yerbas predilectas de sus deidades.

También tiene que depositar sacrificios en "las cuatro esquinas" de su casa, en el río, en el mar, y estar alerta de las murmuraciones en su barrio y en otros cultos, lo que muchas veces le sirve de clave no sólo para manejar a sus *santos*, sino para mostrar su sabiduría y control de los poderes sobrenaturales a la presencia de sus clientes.

A aquellos iniciados inexpertos los instruirá enseñándoles la parte esotérica de los cultos, sometiéndolos a estudios de los *O-r-dus de los santos* –Odus de Ifá en las culturas yoruba–, amaestrándolos en el uso del oráculo y en la práctica de *los trabajos, e-r-bos*, etc. En este último caso, el sacerdote, como maestro, despliega una energía y celo estupendos. Cuando el discípulo es tardo o descuidado en asimilar la enseñanza, recibe el trato duro e implacable del *padrino*; y si es venal y viola entre sus amigos *los secretos de los santos*, al primer indicio que tenga el sacerdote de esta casi traición montará en ira y violentará al discípulo hasta cruzarle el rostro a bofetadas, pero no lo expulsará de la "cofradía", según se ha dicho, pues en la *santería* no existen regulaciones de esta naturaleza. La ley que actúa es la de la brujería. Más fácil es cuando un "chismoso de esa calaña" *desprestigia a los santos*, castigarlo corporalmente o, en último extremo, echarle una brujería y desequilibrar toda su vida.

En cuanto a las categorías o puestos de rango en el sacerdocio, éstos se deben a la "elección" de los Ángeles Guardianes. Los privilegios están distribuidos en la siguiente forma: 1) *los babalawos* o "hijos" de Orúmbila, los cuales tienen el solo derecho de adivinar con el oráculo de Ifá; los homosexuales están privados de asumir esta posición; 2) los "hijos" de Eleguá dispensados de colgar a su cuello el collar verde de los *babalawos*, pero eximidos de oficiar con el oráculo de Ifá; 3) los "hijos" de Obatalá, los cuales tienen el privilegio de caer en trance bajo cualquier deidad por ser su "madre" la dueña de *las cabezas*; 4) los "hijos" de Changó, los cuales por regla general son adivinos de prestigio; las mujeres están eximidas de actuar como sacerdotisas bajo la protección de esta deidad; 5) los "hijos" de las otras deidades no mencionadas que reciben los nombres de *babalocha* y *yalocha*, según pertenezcan al sexo masculino o femenino, respectivamente, y son concedidos de adivinar con el oráculo del *di-logún*. A los recién iniciados se les llama *yawos* o *iyawos*, y *yibonas* o *ayibonas* a los que los apadrinan.

EL ORÁCULO DEL "DI-LOGÚN"

El oráculo tiene un tremendo papel en el sistema de cultos lucumí. Es el instrumento oficial y retribuido por donde la deidad, controlada conscientemente por el sacerdote convertido en adivino, establece un nexo estrecho no con el cliente, pero sí con las reacciones de éste con el ambiente. El oráculo acumula toda una serie de situaciones, por muy trascendentales o mínimas que éstas sean, que moldean las posturas del individuo frente al medio donde unas veces ha de luchar con armas legítimas, otras presionado hacia la periferia de la sociedad donde ha de actuar de acuerdo con su propia ley, en antítesis a una sociedad que le brinda muy pocas posibilidades para mantener una actitud enhiesta.

Las pasiones desmedidas, el amor al prójimo, la agresividad e intemperancia del individuo, sus reacciones psicológicas, todo lo que influye en la vida de tal individuo, todo lo que se ha visto forzado a utilizar para construirse una vida llevadera, aparece en el oráculo. Es tomado por éste, "examinado" y vertido a la faz de la propia persona en forma de augurios, cuando viene a inquirir por la fatalidad que los "ingredientes" que entran en la constitución del cúmulo de acontecimientos que afectan directamente su actitud ante el medio, desordenan su equilibrio ante la sociedad, y ciego ante la perspectiva, minimiza tan intrincada malla de acontecimientos en esa simple palabra: *la fatalidad, la salación*. Y en este caso, por la forma en que el oráculo responde a tales indagaciones, la deidad calca la actitud del individuo, existiendo una estrecha comunión entre *el santo* y el "cliente".

Las deidades, dirigiéndose al cliente a través de una serie de signos llamados O-r-dus de *los santos*, en cada signo por donde pueden pasar cierto número de deidades, individualmente han de acomodar sus discursos de acuerdo con el carácter, temperamento, comodidades, escasez, de la persona ante el adivino.

La mujer hiperestésica, quizá con una locura melancólica, recibe los consejos de Obatalá, "una mujer que ha pasado muchas necesidades en la vida", y es hablada de este modo: "De una esquina a otra de su casa hay una suerte que no llega a V. porque hay algo que se lo impide. No se incomode porque puede sobrevenirle una desgracia y costarle la vida. V. carece de todo, hasta de salud. Aunque V. no lo crea, la casa donde V. vive es muy húmeda y oscura y hay una cosa de una persona muerta enterrada y se sienten ruidos extraños. V. a veces se siente bien y de pronto se incomoda y le dan ganas de reír y llorar. V. misma no se da cuenta de lo que le pasa. V. en ocasiones habla sola. La muerte está sentada en su casa, y por eso no debe tener botellas destapadas, ni amontone basura por los rincones."[3]

Ochún se le aparece a mujeres fáciles para el trato amoroso, o aun a hombres preocupados en el pasado sexual de sus mujeres, y en uno y otro caso, habla sin cortapisas: "V. es de cabeza loca y enamorada, y ese marido que tiene no es suyo. A causa de sus amores Ochún la está reclamando."

Al hombre le dice: "Esa mujer que V. tiene tuvo un hombre antes que V." Los "hijos" de Ochún misma son gente optimista que afrontan la vida con coraje, con gallardía. De suerte que Ochún continúa su discurso: "V. es dichosa pero le están trastornando el camino. Su cabeza es fresca [ágil de pensamiento]. El dinero le está dando vueltas."

En *la letra* o signo de Obara, la más optimista del oráculo, hablan conjuntamente Changó y Orúmbila, los perfectos adivinos de la *santería*, y concentran las ansias del individuo por solventar su problema económico. En sus discursos responden a la natural pregunta que toda persona ha de hacer al oráculo: indagar por la solución del problema económico.

Sin embargo, Changó, impulsivo y sujeto a pasiones violentas, en *la letra* de Eyila Che Bora, acompañado de Maferefun, la deidad maligna del oráculo, aparece ante tipos camorristas y que lo reflejan a él mismo en el cenit de su tempestuoso carácter. El adivino, al aparecer este signo, tira las conchas de los caracoles que constituyen el oráculo al suelo, y le derrama porciones de agua, porque están *calientes*, lo que equivale a decir que están belicosos. Y el adivino traduce el discurso de la deidad del siguiente modo: "Tenga mucho cuidado con la candela, que V. está metido en algo donde puede salir herida. V. soñó con sangre y esto es malo. Changó está muy bravo con V., y V. tiene que hacer rogación a la carrera. V. tiene muy mal genio, por eso no debe llevar armas encima. V. soñó que se quemaba o se quemó. Dentro de su casa tiene muchos enemigos."

Las deidades constantemente ordenan sus oráculos en correspondencia a cada situación del individuo; desde luego que el rol personal del adivino es de decisiva influencia; hasta tanto éste se convierte en traductor del discurso de las deidades, se esforzará por modelar éstos de acuerdo con las eventualidades que le presenta el cliente. Para esto se vale de una serie de fórmulas acopladas en los discursos y procedentes de esos tratados de magia negra, cartomancia, quiromancia y demás invenciones de charlatanes, las cuales lo auxilian para hacer más asequibles e inteligibles sus "traducciones"; las cuales, para conservar su prestigio, muchas veces son adornadas con eufemismos, parábolas, y aun se narra alguna que otra anécdota de *el santo* para mostrar habilidades más que para ser ameno.

Por otra parte, el mejor medio para los sacrificios y tabús de las deidades es el oráculo. El instrumento adivinatorio constantemente está recomendando que se cumpla tal restricción para mantener contenta a la deidad, o bien que se haga tal o cual sacrificio para conseguir un fin determinado o evadir los poderes maléficos que asedian al cliente, etc., y ha de hacerse especial énfasis en que el oráculo jamás trabaja con brujería controlada, sino que es una forma atildada y elevada del sistema de creencias de los lucumí.

Bien pudiera darse el caso de que este oráculo descubriera al cliente quién es el enemigo que constantemente lo está mortificando, pero nunca le da una fórmula para destruirlo si no le recomienda poderes inmunizantes y aun le receta "medicinas" eficaces para evadir el ataque. Si una persona enterada de quién es su enemigo pide al *santero*, no al oráculo, un *trabajo* para aniquilar a quien lo molesta, éste es su propio asunto, el oráculo no tiene nada que ver con eso. Fundamentalmente, los ingredientes que constituyen el papel mágico que desempeña el oráculo son tres: el *e-r-bó* o *rogación*, el *lavado de cabeza* y el *omiero*. De este último contamos con escasa información. También el oráculo puede mencionar, pero no dar detalles en su aplicación, cualquier fórmula catalogada en la magia blanca, como *las limpiezas*, las que han de incluirse en *los trabajos*, de los cuales hablaremos posteriormente.

Antes de hacer mención de tales "ingredientes", es conveniente dar algunos pormenores sobre el oráculo del *di-logún*, el más popular en la ciudad de La Habana por la facultad que tienen todos los sacerdotes de manipular con él. No obstante, el oráculo que goza de más crédito por la sabiduría que expresan sus augurios es el de Ifá, o tablero del ekuelé, del cual tenemos pocas informaciones debido al hermetismo de los *babalawos*, sus exclusivos oficiantes.

Este *ekuelé*, en muchos casos, rectifica los augurios dados por el *di-logún*; en otras ocasiones –en el caso específico del signo de Metanla– resuelve problemas indescifrables por el mencionado *di-logún*. Conviene expresar lo que dice esta *letra* en referencia al *ekuelé*. Textualmente dice: "Metanla. Hablan Maferefun y Baba-lu-Ayé. Esta letra es muy mala, generalmente habla mal, y cuando sale al que se está mirando se le manda a que vaya al pie de un *babalawo*. Aquí está hablando San Lázaro de una persona que tiene mala la sangre y granos en el cuerpo [síndrome popular de la sífilis]; en su casa hay un perro, que no lo maltrate, también hay una persona que tiene el período retenido o está embarazada. Cuando el adivino manda al aleyo [el cliente] que se vaya a registrar con el *babalawo* al salir este ordu, si no le devuelve el dinero de la visita por lo menos le da la mitad y no le habla nada de esta letra al aleyo."

No cabe duda de que el anterior pasaje muestra no sólo la importancia del *ekuelé* sobre el *di-logún*, sino también la superioridad en sabiduría de los *babalawos* sobre los *yalochas* y *babalochas*.

El *di-logún*, llamado también *los caracoles*, consiste en las dieciséis conchas de cierta especie de caracol que no hay que confundir con los *cauries* de algunas culturas de África Occidental, que más bien tienen o tenían un equivalente monetario. El equivalente monetario entre *los santeros* es el término yoruba *oguó* (owo), y la traducción por caracoles es *aye* (aje), equivalente monetario en yoruba; y la deidad de la fortuna, según Ellis, Dennett y otros, es Aje-Saluga, mientras que entre los afrocubanos este privilegio corresponde a Ochún, la dueña del *oguó*. De suerte que el plural *los caracoles* es el término específico para designar esta clase de oráculo, cuya traducción a la lengua lucumí es *di-logún*, la cual parece derivarse de *medilogún*, expresión lucumí para señalar el número dieciséis.

Estas dieciséis conchas guardadas en una pequeña bolsa de tela constituyen, como se ve, el instrumento de la adivinación, que también se conoce con los nombres de *echarse los caracoles, registrarse* o *hacerse una vista*.

El cliente sentado en una banqueta, o en una estera, frente al adivino, dice el objeto de su visita. El adivino, después de declamar una oración en lengua lucumí, lanza *los caracoles* en la estera, y, trazando una línea imaginaria, separa un número de caracoles que corresponden a su mano derecha y otra a la izquierda, y de acuerdo con las posiciones que éstos tomen –si caen invertidos o con la parte hueca de la concha hacia arriba– determina los *O-r-dus* o *caminos por donde vienen las deidades*. Estos *O-r-dus* están constituidos por trece signos –de acuerdo con tres versiones obtenidas– por los cuales *pasan* las deidades y hacen sus discursos en la forma anteriormente mencionada, y cada uno de ellos es acompañado de versos en lengua lucumí que el adivino declama acompañados, en algunos casos, de cierto mimetismo.

Dichos *O-r-dus*, en el orden obtenido, son los siguientes: 1) Okanasorde: hablan Eleguá y Ogún; 2) Eyioko: hablan Ochosi, Yeguá y Oricha Oko; 3) O-r-gunda: hablan Ogún, Yemayá y Eleguá; 4) Eyi Olosum: hablan Yeguá y Obatalá; 5) Oche: hablan Maferefun y Ochún; 6) Obara: hablan Changó y Orúmbila; 7) Odi: hablan Yemayá, Babalu-Ayé e Inlé; 8) Eyi Ondé: hablan Obatalá y Orúmbila; 9) Osa: hablan Oyá y A-r-gayú; 10) Ofún: hablan Maferefun, Obatalá, Ochún y Osain; 11) Oguani: hablan Eleguá, Ogún y Ochosi; 12) Eyila Che Bora: hablan Maferefun, Changó y Yeguá; 13) Metanla: hablan Maferefun y Babalu-Ayé.

Cada uno de estos signos contiene una serie de recetas que se conocen con el nombre de *e-m-bós* en algunos cultos, y *e-r-bó* en otros, cuya procedencia es del término yoruba *ebo*. Estos *e-m-bós* o *e-r-bós* están integrados por una serie de ingredientes que expresan una relación numérica con el número del signo, así como con los precios estipulados por cada *e-m-bó* o *e-r-bó*.

Suponiendo que al cliente, ante el adivino, le salga *la letra* o signo de Obara, correspondiente al número *seis*, se le recomendará un *e-r-bó* compuesto de varios ingredientes en serie de seis, como seis calabazas, seis botellas de agua, seis cocos, etc., además de otros ingredientes numerados arbitrariamente, y que constituyen los elementos imprescindibles para la confección de los *e-r-bós*.

El precio que se paga en este particular caso es seis pesos treinta centavos, o sea, seis más *meyi* –o sea, la mitad– que en el sentido lucumí consiste en la división entre dos del signo, añadida como una fracción a la cifra en pesos. Esta regla se cumple siempre, con excepción de la *letra cinco*, donde Ochún lleva la voz cantante. Siendo el cinco un símbolo de Ochún, los *e-r-bós* se confeccionan de acuerdo con la serie de los cinco –otra vez de acuerdo con el cálculo lucumí–, es decir: 5, 55, 555, etc. Generalmente el precio es 5 pesos 55 centavos.

Cuando una persona se presenta ante el oráculo, después de pagar el precio de *la vista* que, de acuerdo con variantes en los cultos, fluctúa entre once reales (aproximadamente un dólar) y dos pesos cinco centavos, se le receta un *e-r-bó*. De este modo reunirá los ingredientes que, llevados al sacerdote, son pasados por ceremonia y devueltos al cliente para que bien los deposite en un lugar de su habitación o los distribuya en *los caminos* de la deidad. No obstante, los *e-r-bós* no se deben considerar como sacrificios, sino que mientras tanto el sacerdote trabaja los ingredientes en una ceremonia, conocida con el nombre de *la rogación*, donde el cliente es "cargado" con la esencia de éstos, el *e-r-bó* constituye una técnica mágica que estrecha más la comunión entre cliente y deidad, y requiere la sabiduría de un sacerdote, mientras que los sacrificios pueden ser espontáneos.

La ceremonia de *lavarse la cabeza* es otra técnica elevada recomendada por el oráculo, cuyos poderes para enderezar la vida de una persona son infalibles.

Una amiga nuestra, residente en Manhattan, Nueva York, y que mantiene vivo el recordatorio de sus *santos* encendiendo lumbres a la Caridad del Cobre que trajo consigo, haciendo *mudanzas interiores*[4] cuando se le escapa la suerte y *limpiando* el apartamento con yerbas compradas en los Botanicalgardens del Spanish Town –sitios éstos donde se vende toda clase de yerbas procedentes de todas las Antillas–, y que además mantiene correspondencia con su santero en La Habana, al salir de ésta para residir en Nueva York no sólo tomó consigo su Virgen, *lámparas y candiles*, sino que entre otras precauciones tomadas se hizo *un lavado de cabeza*.

El sacerdote requirió los siguientes ingredientes: un pollo, un plato blanco acabado de comprar, manteca de cacao y un coco. Al anochecer, dicho oficiante se presentó en la casa y manipuló la ceremonia, comenzando por decapitar el pollo. Pisando la cabeza y sujetas las patas lo retorció, y tirando con violencia la cabeza pisada, quedó seccionada como cortada por cuchillo. La sangre caliente fue derramada en la cabeza de la muchacha, cuyo rostro previamente había sido embadurnado con *cascarilla* (la cáscara del huevo triturada y convertida en un fino polvo). El busto desnudo fue marcado con cuatro rayas usándose un yeso blanco, en la espalda se le hizo una cruz con el mismo yeso.

El *santero*, en el derramamiento de la sangre, pronunció un *spell*. Terminada esta operación, se tomó un trozo de coco y una porción de manteca de cacao. Ambos ingredientes *el santero* los introdujo en su boca, y después de una laboriosa masticación los depositó en el plato nuevo. Pronunciando otro encantamiento los embadurnó en el cabello de la muchacha, apretado por los coágulos de la sangre de pollo. Luego, amarrando un pañuelo a la cabeza, cerró la operación. La joven durmió esa noche con los ingredientes así puestos y mantuvo tabú sexual.

El plato con el resto del coco debía ser depositado al pie de las paralelas del ferrocarril. Después de llenar este último requisito, Cusita adquiriría un formidable poder para luchar contra las adversidades en la complicada ciudad de Nueva York.

Este *lavado de cabeza* fue hecho bajo la advocación de la Virgen de las Mercedes, y el sacerdote oficiaba bajo los poderes de Yemayá. La cuota estipulada fue de tres pesos.

BRUJERÍA Y ECHAR BRUJERÍA

"Brujería" y "echar brujería" son dos "ingredientes" de las creencias afrocubanas, que nosotros hemos aceptado bajo el nombre de *santería*, respetando el criterio afrocubano, por encima de la aplicación intelectual de la denominación *brujería*, para nombrar estas creencias indiscriminadamente. Si se pregunta a *un santero* qué entiende por brujería, dirá que ésta constituye una práctica conducente a causar calamidades. Si se insiste en una explicación más detallada aparece lo sobrenatural. Un objeto determinado, aun una persona, tiene brujería, posee ciertas cualidades maléficas "naturales" que conducen a calamidades.

Una familia cambia de domicilio, y es posible que la nueva casa tenga brujería, bien porque los anteriores vecinos la dejaron, o porque la casa está habitada por un "espíritu atrasado" que derrama su *mala influencia*, como pulverizada por un vaporizador. La casa textualmente está embrujada, pero *el santero* dice que *tiene brujería* y combate ésta.

La familia inmediatamente toma precauciones. Hace *limpiezas*, agencia *trabajos*. El cabeza de familia se inmuniza con una técnica eficaz. En los albores de la mañana arroja porciones de agua a la puerta y guerrea la brujería con destreza. Al fin logra evadir el maleficio.

En el transcurso de esta lucha, toda persona que pase cerca de los sacrificios depositados en "las cuatro esquinas de la casa", por ejemplo, evadirá pisarlos. Si ve el agua derramada en la acera, tornará el camino. En ambos casos es meticulosa en tomar esas precauciones, porque sabe que esos ingredientes han absorbido el poder maléfico y cualquier contacto implica la absorción de *la salación*, alojada en los ingredientes. Aquí la brujería actúa como un poder sobrenatural, sin el control personal encaminado al mal.

Pero, por regla general, los sacerdotes tratan de controlar el poder maléfico y lanzarlo contra alguien a instancia de sus clientes, o bien una persona que no esté en el sacerdocio puede adiestrarse en esta práctica y batir a sus enemigos con brujería. Lo cierto es que existen muchas personas que, sin tener conexiones con el sacerdocio de la *santería*, saben trabajar la brujería, para resguardarse y neutralizar la acción de enemigos potenciales y directos. A esa gente se les llama *brujos*, y muchas veces tienen más "fervor religioso" por el catolicismo o el espiritualismo que por la *santería*.

Joaquinita, por ejemplo, creía y sentía respeto por el espiritualismo porque su madre fue una buena médium en un *centro* del barrio de Los Sitios. Cierta vez esta amiga se vio envuelta en una plena guerra de brujería. Las primeras escaramuzas se debieron a que un hombre robó la virginidad a una chiquilla de dieciséis años, y a los pocos días, cansándose de ella, encontró refugio amoroso en los brazos de nuestra amiga, mujer madura y con experiencia personal suficiente para *amarrar* a los hombres. No usaba de su espiritualismo para esto.

La madre de la muchacha, que trabajaba la brujería, primero trató de establecer un compromiso legal entre su hija y el seductor por medio de la justicia; después quiso garantizar este trámite, tratando de *amarrar* al hombre. El resultado fue que el hombre, por evitar posteriores complicaciones, aceptó el matrimonio. El día de la boda, Joaquinita, a la fuerza, aunque con el consentimiento de tal amante, "lo raptó" y lo metió en su casa.

En lo adelante, la madre de la muchacha decidió exterminar a la intrusa con brujería. Le abrió guerra cerrada. En las mañanas, a la puerta de Joaquinita, aparecía la brujería arrimada en la acera. Nuestra amiga no tenía salida posible, el hombre la abandonaría y "el dinero se le volvería sal y agua", se vería hecha "una mísera". Todo esto tenía sin cuidado a esta mujer que se reía de la brujería; simplemente con una escoba lanzaba *los trabajos* a la calle. Pero Joaquinita "respetaba a los muertos", de modo que un día perdió los estribos y dijo: "Ya estoy cansada de que esta negra ensucie mi puerta. Yo no creo en esas porquerías, pero le voy a echar un muerto para que me deje quieta."

En efecto, la mujer comenzó a trabajar su *brujería del muerto* y conservó a su hombre, a la vez que cesó la brujería por parte de su enemiga. Joaquinita ganó la batalla. Pero tal mujer decía ser una escéptica, se reía tanto del poder de *sus muertos* como de la brujería de su enemiga.

Casos como el mencionado corresponden al tipo de brujería bajo el control del individuo, divorciado de la esencia religiosa de la *santería*, y cae en el dominio de la técnica de echar brujería. Obvio es decir que la *santería* mantiene en ancho margen la técnica de echar brujería, pero a su vez la discrimina en un grado tan saliente, que es fácil notar la diferencia. Jamás se mezclan, constituyen "la mezcla del aceite y el agua".

Por otra parte, la *santería* combate la técnica de echar brujería y contiene los ingredientes más eficaces para destruir el poder maléfico de la brujería, aunque nunca se convierte en un elemento moralista, porque estas creencias, por la misma influencia del medio, no pretenden dar una contestación adecuada en cuanto a la actitud complaciente de sus seguidores para controlar la brujería, sino que, actuando bajo el principio de *laissez-faire*, entregan la solución del problema a la conducta del individuo reaccionando en el ambiente.

Veamos este caso. Una muchacha residente en la ciudad de La Habana hizo un viaje especial a Matanzas para verse con un ponderado sacerdote. Adolecía de una molesta dermatitis en la espalda. Sin poder explicarla ni evadirla con el tratamiento de distintos médicos que la examinaron, decidió ver al mencionado *santero*, haciendo la enfática aclaración que ella "no creía pero respetaba la santería".

El *santero* observó las lesiones e hizo su pregunta. Luego, augurando con una culebra que pasaba por el cuerpo de la muchacha y poniéndola en el suelo, descifraba las distintas posiciones que tomaba al enroscarse y desenroscarse; de modo que dijo a la muchacha que estaba comprometida con un hombre que era pretendido por una mujer que le fingía amistad. La falsa amiga, en días anteriores, le había pedido prestado un manto que ella usaba en sus días grandes. Cándidamente la enferma complació a su ignorada rival. Cuando la prenda fue devuelta venía con brujería. Así, cuando la muchacha, en la primera oportunidad, echó su mantón a la espalda, la brujería actuó provocando la enfermedad.

En esta primera actitud, *el santero* actuó como un *witch-doctor* ("caza-brujos"). Más tarde hizo desaparecer la molesta dermatitis, con lo cual actuó como un *leech-craft practitioner* (curandero). Por último, actuó como un *sorcerer* (que trata con brujas), preguntando a la muchacha si quería vengarse de la declarada enemiga. De la joven dependía esta última situación, la cual no aceptó su moral católica. Dejó "que el gran poder de Dios le diera su merecido a la falsa amiga".

Una contestación afirmativa habría traído como consecuencia una tenaz guerra de brujería entre las dos enemigas, y, verdaderamente, situaciones en que cuando el perjudicado se decide a luchar se producen con frecuencia durante muchas veces toda una vida. Cuando uno de los enemigos muere, nadie más mató que la poderosa brujería del rival en pie de lucha.

Tanto por las explicaciones que dan *los santeros*, como por la voz popular, que recoge lo que se dice y lo que se experimenta en la secuencia de casos prácticos que se presentan, el término *bilongo* parece encerrar el concepto de la brujería controlada.

Bilongo es una voz bantú que parece derivarse de Nganga-Bilongo, nombre de una línea sacerdotal de Mayumba, en la actual África Ecuatorial Francesa, y estudiada por Dennett en los finales del siglo pasado. En Cuba *bilongo* designa *un trabajo de brujería fuerte*.

En Santiago de Cuba, el vocablo es muy usado, y por las frágiles paredes traspasan las conversaciones y murmuraciones sobre el *bilongo* a veces en tono subido. La madre dice a la hija que tiene un amante que solventa los gastos de la familia: "Acábate de lavar [los genitales] para que le eches *el bilongo* al desgraciao ése." El "desgraciao" que no participa del lecho de la muchacha por amor, sino por un imperativo económico, ha de tomar su café mañanero, confeccionado con tal técnica, que asqueó al profesor Fernando Ortiz, descrita en Madrid y precisamente en una tribu de Gabón, en la mencionada posesión francesa, por el misionero americano Nassau. Otras veces el novio no quiere o excusa aceptar las invitaciones de su *fiancée* por evitar que ésta le ponga *bilongo* en la comida.

Dos vecinos que acostumbraban intercambiarse sus platos de comida favoritos, tienen un pequeño desliz en su amistad, e inmediatamente suspenden estas muestras de cortesía, para evitar que la pequeña intriga tome otros vuelos, y el uno decida enviar a otro un presente con *bilongo*. La verdad es que muchas personas, aun cuando la amistad no ha sufrido ninguna quebradura, por puro recelo disimuladamente arrojan a la basura tales obsequios, porque, a la larga, nadie sabe quién es un *bilonguero* o no lo es.

En la ciudad de La Habana, donde también es usado el término *bilongo*, "el tecnicismo" aplicado en los trabajos prácticos de la *santería* ha catalogado todos estos procedimientos bajo el nombre de *trabajos*, entre los cuales se pueden mencionar los siguientes:

1) La acción de amarrar, la cual unas veces actúa como encantamiento amoroso, otras como elemento inmunizante. Un amante, en virtud de un *trabajo*, puede *amarrar* al objeto de su amor o puede *amarrarse* él mismo, para inmunizarse contra la acción de sus enemigos.

2) *La salación* o la acción de *salar*, consistente en desequilibrar las posibles situaciones del individuo, en su lucha contra el medio.

3) La técnica de *atraer* y *alejar*, de modo que una mujer puede enamorarse de un hombre y hacer *un trabajo* para *atraerlo*. Más tarde, cansada de la unión, puede hacer un *trabajo* para *alejarlo*.

En el mismo orden de los encantamientos amorosos, está la técnica de *matar la naturaleza y trabajos para la impotencia*, su antídoto, por lo que una mujer, en el primer caso, cansada de *trabajar* a su marido para *alejarlo*, decide, por medio de la brujería, privarlo de sus funciones sexuales normales. El hombre, en esas condiciones, recogido por una piadosa mujer, puede, con el auxilio del sacerdote actuando como caza brujos, recuperar la virilidad. Y siguen un sinnúmero de técnicas aplicadas a la magia negra con su correspondiente antídoto: la magia blanca.

Entre los *trabajos* merecen especial atención los amuletos. Los más generalizados son unos pequeños rectángulos de tela abultados con oraciones católicas, cortezas de árboles y otros ingredientes; los collares y brazaletes correspondientes a los Ángeles Guardianes; y aun la ropa interior actúa como amuleto, en especial la que cubre las partes pudendas, confeccionada en casa con sedas que expresan los colores de Ochún (amarillo) y Changó (rojo).

La acción de estos ingredientes siempre es benéfica o protectora; no así la de una especie de amuletos conocidos con el nombre de *osain* u *osaii* –que no tienen nada que ver con la deidad de este nombre–, los cuales se "cargan" con poderes duales, es decir, sirven para el bien y para el mal. En su construcción requieren *spells*, rituales y a veces fórmulas mágicas complicadas.

Digamos que X quiere perjudicar a un enemigo. Y su *santero* le recomendará un *osaii*. Le dirá que procure por una jicotea o una aguja o "punta de Ochún". La jicotea es decapitada y se le atraviesa "la punta de Ochún", todo bajo ritual, y más tarde se devuelve a X, para que la entierre y después llame a su enemigo.

El mismo X se ve complicado en asuntos de justicia, porque personalmente se excedió en el castigo a su enemigo, y el sacerdote le recomendará que obtenga espinas del arbusto llamado zarza, rasuras de carapacho de jicotea, vino seco (una bebida corriente), cambiavoz y plumas de aura; una porción de este último ingrediente se incinera y, unida la ceniza a los otros ingredientes, se trituran añadidos del vino, se desecan y pulverizan. Dicho polvo, X lo aplica en la frente pronunciando: "Agongo agongo nike." Una de las plumas de aura la oculta en el sombrero y así evadirá la acción de la justicia.

Otros *osaii* constituyen verdaderos *medicine bundles* que las personas conservan en el interior de la habitación con los más variados ingredientes pasados por ceremonia.

Los hechos mostrados en la presente exposición, bajo ninguna forma, constituyen una solución definitiva del problema tan intrincado como el de la religión de los afrocubanos, pero sí pretenden afirmar la existencia de tal religión, la cual, con una mayor auscultación en las culturas negras en transición en el suelo cubano, constituye un material de decisiva importancia para la comprensión, en vías de solución, del no resuelto problema de los afrocubanos como factor étnico en la sociedad cubana.

Nueva York, 1941.

APÉNDICE

TABLA 1. LAS DEIDADES DEL PANTEÓN LUCUMÍ

Deidad	Santo católico	Símbolo	Imagen
Olofín y Olordumare	La idea suprema de Dios	Color blanco	-
Obatalá	Nuestra Señora de las Mercedes	Orí (manteca de cacao), una bandera blanca, etc.	Virgen católica
Oduduwa (camino de Obatalá)	El Santísimo Sacramento	Color blanco	Una piedra envuelta en algodón y las imágenes de la Madre y el Niño
Chalofón (Owa Olofón) (camino de Obatalá)	San Manuel	Color blanco	Litografías católicas
Baba-lú-Ayé	San Lázaro	Saco llamado de yute, muletas, orí, etc.	Figura de madera o yeso, litografía, etc.
Orúmbila	San Francisco de Asís	Collares con 16 cuentas	Litografía, figura de madera, etc.
Changó	Santa Bárbara	"La piedra del rayo", bandera roja, espada de madera, etc.	Litografía, figura de madera, etc.
Ochún	Nuestra Señora de la Caridad	Bandera amarilla, vasija con centavos americanos, etc.	Litografía, etc.
Yemayá	Nuestra Señora de Regla	Bandera azul, el mar, etc.	Litografía, etc.
Olokún	Nuestra Señora de Regla (?)	Los mismos que Yemayá (?)	(?)
Eleguá	San Antonio o el Ánima Sola	+ el cruce dos caminos	Una piedra "detrás de la puerta"

Poderes o aché	Sacrificios	Collares
Concede aché		
Dueña de las cabezas	Ratones, palomas, gallinas de Guinea, etc.	Cuentas blancas con 16 "reinas"
Concede aché	Los mismos que Obatalá	
(?)	Los mismos que Obatalá	Cuentas blancas
Cura las enfermedades dermatológicas	Tabacos, palomas, gallinas, etc.	Cuentas negras
Dueño del Oráculo	Carnero, paloma, chivo, etc.	Cuentas verdes y amarillas
Dueño del rayo, los tambores, etc.	Carnero, chivo, bananos, etc.	Cuentas rojas y blancas.
Dueña del dinero, de los corales, la dueña del amor, etc.	Chivo, palomas, gallinas, etc.	Cuentas de coral
Dueña del mar	Carnero, pescado, palomas, etc.	Azul y blanco
Dueño del mar	Los mismos que Yemayá (?)	(?)
Dueños de "las cuatro esquinas"	Gallo, aguardiente con pimienta de Guinea, etc.	Verde y amarillo

APÉNDICE

TABLA 1. LAS DEIDADES DEL PANTEÓN LUCUMÍ

Deidad	Santo católico	Símbolo	Imagen
Ogún	San Pedro	Barras de hierro, la ceiba, etc.	Litografía, etc.
Agayú	San Cristóbal de La Habana	El río, etc.	Litografía, etc.
Oricha Oko	San Isidro el Labrador	Ñame (*Discorrea alata*)	Litografía, etc.
Oyá	Nuestra Señora de la Candelaria	La ceiba, el cementerio	Litografía, etc.
Oba	Santa Rita	(?)	(?)
Ikú	La Muerte	(?)	(?)
Inlé	San Rafael	Monte, agujeros en el piso, zanjas, etc.	Litografía, etc.
Obeyes	San Cosme y San Damián	Los gemelos o jimaguas	Litografías, etc.
Ochosi	San Norberto	Cárcel, una flecha con el arco tendido	Litografía, etc.
Osaín	San José	Güiro	Litografía, etc.
Osun (fetiche!)	El bastón de San Francisco	Gallo de metal descansando en un cono invertido	-
Yeguá	Nuestra Señora de los Desamparados	(?)	Litografía, etc.
Maferefun	(?)	(?)	(?)
Mama Lola (Fernando Ortiz)	(?)	(?)	(?)

Poderes o aché	Sacrificios	Collares
Dueño de "los hierros" y el monte	Perros, coco, jutías, etc.	Una cadena de hierro, etc.
Dueño del río	Pescado, carnero, etc.	(?)
Adiestrado labrador, sin aché	(?)	(?)
Dueña del cementerio	Alimentos cocidos, palomas, etc.	Cuentas lilas con rayas amarillas
(?)	(?)	(?)
El poder de arrebatar vidas	Los mismos que Oyá	-
"Dios de la economía agraria", (Fernando Ortiz)	Palomas, tijeras, pescado, etc.	Cuentas negras
Dueños de la fortuna	De sangre por excelencia	Los de Ochún y Changó (?)
Rey de los cazadores, y dueño de la cárcel	Palomas, gallinas, de de Guinea, etc.	(?)
Dueño de todas las hierbas	Jicotea, gallinas, etc.	(?)
-	-	-
(?)	(?)	(?)
(?)	(?)	(?)
(?)	(?)	(?)

TABLA 2. LAS SALUTACIONES A LOS SANTOS

A Eleguá:

Eleguá aqui boru aqui boi a boi bochiche olua mi omatielli olua atacasorde alacomaco mani bata adoridale jolo yaguna eleku unsuku ubeleku sukun a la róyo usu eye.

Otro:
Echú agó gó Echú a la guana Echú agó ti gango Echú ayo mama quena moyuba oluo moyuba oyu bana moyuba iyalocha kinkamache came -r-Ikú cama rano cama rofo cama iña cama arayé eno unlo quebofi queboada.

A Ogún:

Aguanillí irebeyo ama kan oke aguana ashe irisha oké okó moforibale oké.

A Ochosi:

Ochosi achó niguere iyá-n iyeguire odemata ode baru baroliyo akiko mosiere kama -r- Ikú kama arene kama areyo kama arofo.

A Ichaoco (Orisha Oko):
Ichaoko ofé té Ikú orí ayé.

A San Rafael:

Kinkamache Inlé kinkamache oba la kinkamache oba oké kinkamache aina kinkamache dada kinkamache beyi oro taede kaide alaba Olofi kunke Olordumare.

A Ochún:

        Oshú duro ama dubule duro ganga labosi.

A San Lázaro:

        Baba lu Ayé ogo ro nigan iba eloni a'guá litasa
        babá sanlao iba eloni agroniga chacauna iba
        eloni.

        Otro:
        Jekua Baba lu Ayé agronica
        Jekua Babá mío nibagu
        nibago ardo obisa
        Jekua Babá fidenu.

A Agayú:

        Agayú sholá ki ni ba cholu iba eloni.

A Changó:

        Oba kosó kisi ekó akama sía okuni
        buburu buburuku ki ton lo oguo oba
        chocotó ka'guó cabo si illé.

A los Jimaguas:

        Ebeyi oro alaba cainde achó niré'guá fumi orún
        ale i'guá male nire a -r- Ikú niché guá nota
        cofi adenu kimbach nire Ikú cafó aró cafó eyo
        cafó ilé tutú lama tutú la r'oyó otu a'guá ba
        osi a'guá aché omi tutu.

A Obatalá:

        Babá erú ayé Obatalá erú ayé
        Obatalá erú ayé m'oguá yé
        m'oguá Ogún aché babá
        aché yeyé jekua babá.

A Yeguá:

        Yeguá orí masó olú kara okí aba yoko ada iba
        babá iba yeyé Ogún ode Ogún odo ilé a guá are
        afokoleri ilé tutu aña tuto unto da ofún orí ma
        guá ayo.

A Oyá:

> Yansán aki lorda akí memo enu onticono
> kue kue Oyá igu-orí guá aro
> ayé Orunla mío bombo nilo
> Jekua jey Iyansán ari Ikú
> Jer jeri obini dodo.

A Yemayá:

> Yemayá atara ma guá a sayabí Olokun
> babalorde afoyunde acre okokun
> a sayabí Olokin Yemayá ma ayé le-guó
> oniballe oba iyalorde atara ma guá
> oké ri okún akua a oye
> savia pavia Olokún aya okoto
> akú a oye achá oko orí ayé offe Ikú.

Dos más a Ochún, la dueña de Cuba:

> Ilé tutu iña tutu la ro Oyo
> iyá mi ladisú alimade ordu
> iyá mi opoletu orisha egué
> banganire guañale guañale
> ko oguó si banga anire
> i ti ekó go oguó si alima de ordo
> Ochún iya mi oguó
> iyá mi ibú
> Ochún more yeyé oooo!

Finalmente:

> Ochún mo'ri yeyé o
> aladé ko yu oni male
> eni ti ti ekó ofidere ma oto efún
> eni gua ni kado magueni cobori
> ñagueni cobori.

TABLA 3. LAS PARÁBOLAS DE LAS TRECE LETRAS DEL DI-LOGÚN

Número 1. Okanasorde:
El adivino no habla en *lengua lucumí*, pero tiene que tomar precauciones que, redactadas por un *babalawo*, textualmente son las siguientes: "Cuando sale esta letra se hala uno las orejas y enseguida se echan los caracoles en agua y se sacan al poco rato y se pisan con el pie izquierdo, y si hay una muchacha [en la casa] se le manda que los recoja. Luego se pregunta por qué camino viene este okanasorde, si por muerto, hijo preso, por enfermedad o por algún disgusto. Se busca un pedazo de carne de vaca y se le unta manteca de cacao y se bota para la calle delante para que cualquier perro lo coma."

Número 2. Eyi Oko:
El adivino recita:
"Eyi Oko temi tan temitiche moni oguó
Olokún tela -r- Oko temuran temiche moni
oguó loko."

Número 3. Orgunda:
El verso dice:
"Orgunda meyi teleyi teleyi faraye
afesuye lesilosun."

Número 4. Eyi Olosun:
Aquí el discurso es más largo:
"Aparatita ebebe kin kin enu akolaba
enu l'aché inafokosi maro aroni foko ku
si manya loko esi misan iña unyobe iña

unyo loko apandure ache oguo oni de-r-
ekó apan aplachenu agua nin da agua onide
osuna apa mbeni."

Número 5. Oché:
"Oché muluku muluku oyo tota l'oguó
Oché muluku lorda'fun okan tampo toa
lori yumama
Oché iba ye ide gua kodide sara undere
oba iba oguó iba omo iba
Yalordé abé."
Tales son los versos.

Número 6. Obara:
Obara es *la letra* de Changó y Orúmbila, y el
verso dice:
"Oni bara oba bara eye bara
ci kate lede'fún ol'fe tún ol'oya ichún."

Número 7. Odi:
"Orí oricha
odima adima achama
adima adima dima achama
keri kerin yin guerigo
abaron ma'bale oguerique yeni
yeni iguari gue-yin iba renfo
mabaya iguo ri si quesin guer'guó iba reyo
mabaya iguó ri kesin yin'guó ri ke."
Tales son los versos de Odi.

Número 8. Eyi Onde:
Los versos son:
"Dedele la o bole
dedele la bochín
dedele la boaru
tentie ekó dedide ino lori
loda-fumbe ibo la tin
loda egue oke olese lada
abo-yun onife abo no obi li tetire
ekuelé bubu lu mim-baye

> babá oko ko loko
> babá oro otta tayepa."

Número 9. Osa:
> Simplemente versa:
> "Osa Osa guó iga ori-guó afo-r-ikú oguó lodo."

Número 10. Ofun:
> Se repite:
> "Ofún ma'fún yega quima, fún
> eku quima, fún arún quima, fún
> ofo quima, fún eyo quima, fún
> tale tale elese or'an pufilede
> oni de emale ledi araye kole pamipu."

Número 11. Oguani:
> Los versos se dedican a Eleguá:
> "Oguani'chobi ebe
> Echú gua sisa
> Chimiche oguó ibe oguedé ofé yu agana
> chemiche adie dane lore cama mofe tani."

Número 12. Eyila Che Bora:
> "Agana gaya agaba gaya, akakun aya gabada
> quini oricha quinchetet iba ota
> lor'ifa quinteche iba ete quemachete
> ikú quimachete orún quimachete
> ofo quimachete eyo."
>
> Además hay un canto:
> "Guoruoo kumanfo aboooo
> kumambo guoruooo
> kumambo aboooo
> la ese sequenta..."

Número 13. Metanla:
> El adivino refiere el caso a un *balawo*, por tanto los versos huelgan.[5]

Notas

1   Véase en las salutaciones (Tabla 2) la frecuencia con que el *santero* usa este término al dirigirse a las deidades.

2   El *güiro* es el fruto de una rastrera cubana que, desecado y vaciado, es usado en forma de vasija.

3   Este texto y los siguientes con las mismas características, constituyen fragmentos de los discursos de las deidades en el oráculo del *di-logúm*, copiados fielmente de una libreta para instruir sacerdotes, en poder del autor.

4   Consiste en mover de un lugar a otro los muebles de la casa para sorprender a los *maleficios*.

5   Odi meyi, Osa meyi y Ofun meyi, son signos del oráculo que no hemos mencionado en el texto por carecer de las informaciones necesarias. La única opinión que podemos aventurar es que éstos constituyen *letras* adicionales usadas por el adivino al examinar el destino de un individuo con el *di-logún*. El orden de estos signos adicionales es el siguiente: 1) Ogunda meyi; 2) Oche meyi; 3) Obara meyi; 4) Odi meyi; 5) Osa meyi; y 6) Ofún meyi.

Impreso por Quebecor Impreandes
Impreso en Colombia - Printed in Colombia